Estratégias de internacionalização:
teorias e práticas

Estratégias de internacionalização:
teorias e práticas

Leonardo Mèrcher

Rua Clara Vendramin, 58 . Mossunguê
CEP 81200-170 . Curitiba . PR . Brasil
Fone: [41] 2106-4170
editora@editorainsersaberes.com.br
www.intersaberes.com

Conselho editorial Dr. Ivo José Both (presidente) | Drª. Elena Godoy | Dr. Neri dos Santos | Dr. Ulf Gregor Baranow

Editora-chefe Lindsay Azambuja

Gerente editorial Ariadne Nunes Wenger

Assistente editorial Daniela Viroli Pereira Pinto

Preparação de originais Gilberto Girardello Filho

Edição de texto Mille Foglie Soluções Editoriais | Guilherme Conde Moura Pereira

Capa Sílvio Gabriel Spannenberg (*design*) | stockphoto mania e SritanaN/Shutterstock

Projeto gráfico Raphael Bernadelli | Sílvio Gabriel Spannenberg

Diagramação Mango Design

Iconografia Regina Cláudia Cruz Prestes

Dados Internacionais de Catalogação na Publicação (CIP)
(Câmara Brasileira do Livro, SP, Brasil)

Mèrcher, Leonardo
  Estratégias de internacionalização: teorias e práticas/ Leonardo Mèrcher. Curitiba: InterSaberes, 2021.
  Bibliografia.
  ISBN 978-65-5517-846-3

  1. Administração de empresas 2. Comércio internacional 3. Cooperação internacional 4. Empresas multinacionais – Administração 5. Internacionalização I. Título.

20-47808   CDD-658.18

Índices para catálogo sistemático:

1. Empresas: Internacionalização: Estratégias: Administração   658.18

Maria Alice Ferreira – Bibliotecária – CRB-8/7964

1ª edição, 2021.

Foi feito o depósito legal.

Informamos que é de inteira responsabilidade do autor a emissão de conceitos.

Nenhuma parte desta publicação poderá ser reproduzida por qualquer meio ou forma sem a prévia autorização da Editora InterSaberes.

A violação dos direitos autorais é crime estabelecido na Lei n. 9.610/1998 e punido pelo art. 184 do Código Penal.

Sumário

Apresentação, 9

Como aproveitar ao máximo este livro, 13

1 **Fundamentos teóricos da internacionalização, 17**

   1.1   O que é internacionalização, 19

   1.2   Internacionalização ativa e internacionalização receptiva, 24

   1.3   Globalização: novos agentes e ferramentas para a internacionalização, 31

   1.4   Principais teorias da internacionalização, 37

2 **Internacionalização a partir do Brasil: cenário e dimensões de análise, 65**

   2.1   Por que se internacionalizar no Brasil, 67

   2.2   Dimensão jurídica da internacionalização comercial no Brasil, 72

   2.3   Dimensão de incentivos públicos à internacionalização, 79

2.4 Cenário regional: Mercosul, 85

2.5 Dimensão cultural brasileira na negociação internacional, 90

3 Estratégias de internacionalização de pequenas, médias e grandes empresas, 99

3.1 Empreendedorismo e a capacidade de assumir riscos, 102

3.2 Internacionalização de pequeno negócio: estratégia de representantes comerciais e cooperativas, 107

3.3 Internacionalização de médio negócio: estratégias de franquias e terceirização, 112

3.4 Internacionalização de grande negócio: estratégias de filiais e subsidiárias terceirizadas, 116

3.5 Estratégias mistas de internacionalização, 119

4 Internacionalização de instituições de serviços, de ensino e governos locais, 125

4.1 Internacionalização de serviços, 128

4.2 Internacionalização por aplicativos, 131

4.3 Internacionalização de universidades, 135

4.4 Internacionalização de cidades, 139

4.5 Internacionalização com responsabilidades, 143

5 Viabilidade, projeções e resultados da internacionalização, 153

5.1 Preparando internamente a instituição: sistemas de gestão, 155

5.2 Marketing da internacionalização: imagem, identidade e visibilidade internacionais, 170

5.3 Criação de projetos de internacionalização, 172

5.4   Qualificação e gestão de pessoal na internacionalização, 177

5.5   Monitoramento de resultados, 180

Considerações finais, 187

Lista de siglas, 189

Referências, 193

Respostas, 199

Sobre o autor, 203

Apresentação

DIANTE DE DINÂMICAS DE GANHOS E POSSIBILIDADES DE cooperação no âmbito internacional, pensar a internacionalização é uma tarefa fundamental para pesquisadores e profissionais das esferas pública, privada e do terceiro setor. Nesse sentido, o objetivo geral deste livro é reunir os principais conceitos e estratégias da internacionalização de empresas, instituições, governos locais e demais projetos que busquem no cenário internacional as soluções para seus desafios internos, bem como levar esses agentes a alcançar novas oportunidades de crescimento.

Tendo como norteador o reconhecimento de oportunidades externas ao cenário doméstico, é possível traçar estratégias de gestão, inserção e comunicação com agentes e mercados estrangeiros. Contudo, é preciso compreender que o mundo externo também se internacionaliza em direção ao cenário doméstico – no caso, o Brasil – e que, com isso, todos deveríamos nos preparar para convites e demandas internacionais. Dessa forma, nesta obra, versaremos sobre teorias, agentes, estratégias e dimensões pertinentes à internacionalização na qualidade de comércio, cooperação e desenvolvimento, considerando o sentido do cenário brasileiro para o mundo.

Para uma melhor compreensão do presente conteúdo, iniciaremos o tema com os fundamentos teóricos da internacionalização, expondo o pensamento dos principais pesquisadores da área e apresentando conceitos essenciais. Assim, explicaremos o que é internacionalização, trataremos do atual cenário globalizado, mencionaremos o que pode ser internacionalizado, e discorreremos sobre as dinâmicas de internacionalização ativa e reativa em um mundo globalizado.

Após a apresentação de conceitos e teorias vinculados à internacionalização como prática, no Capítulo 2, avançaremos para os temas seguintes: a internacionalização a partir do cenário brasileiro, especialmente ligado às dimensões do comércio exterior, da integração regional e cultural; as estratégias de internacionalização de empresas (pequenas, médias e grandes); a internacionalização de instituições de serviços, como de aplicativos e universidades, e de governos locais e da administração pública, como no caso da paradiplomacia (diplomacia paralela de governos locais, como de cidades, em relação à diplomacia formal dos governos nacionais, como do Ministério das Relações Exteriores do Brasil); e, por fim, a viabilidade, as projeções e os resultados da internacionalização como prática profissional.

Especificamente no caso das estratégias para a internacionalização de pequenas, médias e grandes empresas, trataremos de tipos e modelos de internacionalização mais usuais para cada uma, como as estratégias de franquias, exportação direta e cooperativas. As questões de legislação aduaneira brasileira, ainda que de forma simplificada, também serão apresentadas pontualmente ao longo dos capítulos, quando se fizer necessário.

Com essas informações sobre a internacionalização, esperamos que você descubra novos âmbitos do conhecimento e das práticas profissionais, bem como que reconheça que o mundo pode ser muito menor do que imaginamos.

Boa leitura!

Como aproveitar ao máximo este livro

Empregamos nesta obra recursos que visam enriquecer seu aprendizado, facilitar a compreensão dos conteúdos e tornar a leitura mais dinâmica. Conheça a seguir cada uma dessas ferramentas e saiba como elas estão distribuídas no decorrer deste livro para bem aproveitá-las.

Conteúdos do capítulo

Logo na abertura do capítulo, relacionamos os conteúdos que nele serão abordados.

Após o estudo deste capítulo, você será capaz de:

Antes de iniciarmos nossa abordagem, listamos as habilidades trabalhadas no capítulo e os conhecimentos que você assimilará no decorrer do texto.

Introdução do capítulo

Logo na abertura do capítulo, informamos os temas de estudo e os objetivos de aprendizagem que serão nele abrangidos, fazendo considerações preliminares sobre as temáticas em foco.

Síntese

Ao final de cada capítulo, relacionamos as principais informações nele abordadas a fim de que você avalie as conclusões a que chegou, confirmando-as ou redefinindo-as.

Para saber mais

Sugerimos a leitura de diferentes conteúdos digitais e impressos para que você aprofunde sua aprendizagem e siga buscando conhecimento.

Questões para revisão

Ao realizar estas atividades, você poderá rever os principais conceitos analisados. Ao final do livro, disponibilizamos as respostas às questões para a verificação de sua aprendizagem.

1

Fundamentos teóricos da internacionalização

Conteúdos do capítulo

> O que é internacionalização.
> Principais abordagens teóricas da internacionalização.
> Como o mercado globalizado interfere na internacionalização.

Após o estudo deste capítulo, você será capaz de:

1. explicar o conceito de internacionalização;
2. escolher uma abordagem teórica para implementar seu projeto de internacionalização;
3. compreender as atuais dinâmicas comerciais e da globalização.

NESTE CAPÍTULO, NOSSO INTERESSE É QUE VOCÊ, LEITOR, compreenda a internacionalização como forma de aperfeiçoamento profissional. Caso ainda não saiba nada sobre internacionalização, não se preocupe. Trataremos aqui dos principais conceitos para fundamentar a compreensão básica sobre esse novo setor de gestão de atividades que tanto cresce com a globalização econômica, social e financeira em nosso país e no mundo. Abordaremos as definições sobre internacionalização, suas dinâmicas ativas e receptivas, os diversos agentes envolvidos e capazes de se internacionalizar e as interferências da globalização e do mercado nesse campo de atividades. Além disso, os principais tratamentos teóricos sobre a internacionalização serão apresentados a fim de que contribuam com seu planejamento prático da internacionalização.

O primeiro ponto a ser comentado é o marco da globalização. Com o advento da aceleração na aproximação dos povos (globalização) nos últimos séculos, muitas dinâmicas se apresentaram para os gestores e profissionais responsáveis por setores como investimentos, logística, comércio, negociação, gestão de recursos e de pessoal. As dinâmicas da globalização não apenas aproximaram os povos, mas também demandaram dos setores público (governos e instituições de Administração Pública, como prefeituras, secretarias e universidades públicas) e privado (empresas e demais agentes do mercado) uma maior capacidade de diálogo e de estratégias para se inserirem no cenário internacional ou atenderem às demandas externas que os acionam quase diariamente.

Essas dinâmicas, portanto, exigem do profissional da área o aperfeiçoamento em sua capacitação. Com o fito de contribuir para esse aprimoramento, inciemos com o tema principal deste livro: o conceito de internacionalização.

1.1 O que é internacionalização

Por muito tempo, acreditava-se que o cenário internacional era um campo de ação exclusiva de Estados (não confunda o termo com a noção de estados federativos, como Paraná ou Amazonas, pois aplicando aqui a acepção de país soberano com estrutura e organização política independente), governos e suas organizações internacionais. As organizações internacionais são criadas exclusivamente por governos para mediar, orientar e definir práticas internacionais nos mais diversos campos. Aqui, vale fazermos mais uma ressalva: organizações internacionais (OI), como a Organização das Nações Unidas (ONU) e seu Banco Mundial, que foram criadas por governos nacionais (Estados), não podem ser confundidas com organizações não governamentais (ONGs), estas criadas pela sociedade civil organizada, como detalharemos mais adiante neste livro.

Diplomacia, guerra, paz e tratados comerciais e de cooperação eram os grandes temas (agendas) das relações internacionais. Entretanto, com o advento da globalização, os povos e suas nações em todo o mundo passaram a se relacionar cada vez mais, criando interdependências (ligações comerciais, políticas e culturais) e oportunidades para crescimento e desenvolvimento. Essas novas conjunturas possibilitaram que empresas e outras instituições da sociedade definissem suas próprias agendas internacionais.

Os Estados (ou países, como entes formados por população, território, governo e identidade nacional) naturalmente já nascem internacionais, pois quando são criados, surgem em meio a outras nações, e suas relações com os povos vizinhos já se dão de forma internacionalizada. Contudo, o mercado, com suas empresas, e a sociedade civil organizada, com suas ONGs, nem sempre surgem diretamente no âmbito internacional, devendo decidir se expandem sua atuação para além das fronteiras de sua nação.

Algumas empresas até podem nascer globais (*born global*), ou seja, podem ser criadas para atuar diretamente no cenário internacional. A ideia de empreendedorismo em si, com as inovações tecnológicas e os aplicativos virtuais de serviços, demanda projetar-se internacionalmente para obter maior êxito. Todavia, de modo geral, o que se percebe como majoritário é a necessidade de conectar empresas e instituições locais ao que acontece no mundo – saber aproveitar as oportunidades externas.

É exatamente esse processo de expansão de atividades para além de uma nação que é designado como *internacionalização*. Entretanto, é preciso tomar cuidado, pois existem, ao menos, duas possibilidades de internacionalização: a ativa e a receptiva. Essas duas possibilidades, ou modalidades, serão pormenorizadas mais adiante, mas adiantamos que se trata de decidir se internacionalizar por uma estratégia de expansão internacional (ativa) ou concordar em participar de negócios e convites de outros agentes que inserem determinada instituição no cenário internacional (receptiva).

Consultando os dicionários, chegamos a uma definição do conceito de *internacionalização* como ato ou efeito de internacionalizar algo ou se internacionalizar (Internacionalização, 2020). Esse significado é simples de ser alcançado pelo leitor; mas o que seria se internacionalizar? Difundir-se por várias nações, estar presente em diversos lugares ao redor do mundo ou, ao menos, em outra nação que não apenas a de origem. Salientamos que essa presença não é apenas física (filiais, franquias ou revendedoras); ela pode ocorrer também por meio de acordos comerciais (atendendo a mercados estrangeiros por exportação), da gestão de dinâmicas internacionais (como empresas de serviços virtuais financeiros) e, até mesmo, por redes de cooperação (muito comum entre universidades públicas ou privadas e ONGs).

Tendo esclarecido o que é internacionalização – ato de se fazer presente em outra nação com fins públicos ou privados –, precisamos explicar como é possível se internacionalizar. Querer levar uma instituição para o cenário internacional é diferente de saber como fazê-lo.

O primeiro passo é identificar as potencialidades da instituição – conhecer seus produtos e serviços e verificar em quais lugares do mundo eles teriam mais vantagens competitivas (seja pelo preço final, seja pela baixa concorrência, por qualidade superior, raridade ou ausência nos mercados externos etc.). O segundo passo, então, é definir se a organização utilizará a estratégia ativa ou receptiva de exportação, redes, franquias, filiais, subsidiárias, revendedoras, terceirizadas, *joint ventures*, cooperativas e outras modalidades. Por fim, é preciso delegar essas tarefas na empresa aos profissionais competentes que analisarão custos, responsabilidades legais e a burocracia nacional e internacional.

É importante destacar, ainda, que todo o processo de internacionalização pode ser de responsabilidade de um único profissional (talvez você, leitor). Por isso, esse sujeito tem de estudar casos de internacionalização próximos a sua realidade e localidade. Essas informações podem estar nos *sites* das empresas ou em relatos de experiência e artigos científicos, como os encontrados na Plataforma Scielo nas áreas de administração, comércio exterior, marketing, relações internacionais e educação. É possível, também, buscar no Google Acadêmico por relatos de internacionalização de empresas e outras instituições privadas e públicas, como o artigo de Cantoni et al. (2019) e a tese de doutorado de Tripoli (2019).

Atualmente, a internacionalização ocorre sob a supervisão do profissional popularmente denominado *trader*, especialmente com ênfase no processo de internacionalização no campo microeconômico, ou seja, sob o foco das empresas, em especial as pequenas e médias (PMEs). Geralmente, as PMEs necessitam das ferramentas de gestão do processo de internacionalização, como a gestão de custos e produção, processos jurídicos, natureza do produto e do mercado (marketing) e logística internacional, mas infelizmente tendem a desconhecê-las. Aos poucos, versaremos sobre esses assuntos aqui, e clarificaremos o campo de atuação das PMEs – que se mostra promissor no Brasil – no capítulo destinado às empresas.

Acrescentamos que, apesar de *trader* ser o nome mais comum, o mercado pode se referir a esse profissional utilizando outros termos de acordo com outras áreas de formação. Exemplos são internacionalista (relações internacionais), técnico ou tecnólogo (comércio exterior) e, até mesmo, administrador de empresas ou gestor (em outras áreas de formação). Contudo, a demanda por bons profissionais especializados nessa área deposita no *trader* o papel de agente preparado por excelência para as tarefas de internacionalização comercial e cooperativa.

Quanto ao conceito de estratégia, conforme mencionamos, pode ser compreendido como a capacidade de organizar dados e informações para montar um plano que conduza aos resultados esperados. Com isso, surgem ainda dois outros conceitos: planejamento estratégico e gestão estratégica. O primeiro se refere à capacidade de o *trader* e/ou a empresa e seus gestores escolherem a melhor estratégia (no caso de internacionalização) e organizar suas etapas, definindo as ações pelas quais cada setor deverá ser responsável e apresentá-las à equipe. Associado às ações de executar e monitorar esse planejamento, está o conceito de gestão estratégica, que corresponde ao momento em que as etapas serão executadas, como ligações, preenchimento de documentos, monitoramento de negociações e parcerias, importações/exportações e cumprimento a curto, médio e longo prazos das atividades da instituição em questão.

O conceito de internacionalização também já foi tratado por diversas vertentes científico-acadêmicas, sendo as principais as que se originaram nas escolas de administração de empresas na Suécia na segunda metade do século xx. A Escola de Uppsala definiu a internacionalização como uma manifestação das dinâmicas de mercado e do comportamento dos gestores (perfil pessoal, posicionamento diante do risco, redes de contato – *network* –, conhecimentos de mercados e de culturas estrangeiras). Esses temas serão abordados em momento oportuno, quando versarmos sobre as bases teóricas de sustentação da compreensão dessas dinâmicas internacionais. No momento, vale dar continuidade a nossa abordagem expondo as práticas ativas e receptivas da internacionalização.

1.2 *Internacionalização ativa e internacionalização receptiva*

A grande dúvida sobre a internacionalização é: Quando essa dinâmica começa? Na realidade, em sua maior parte, a internacionalização se inicia quando a primeira ideia de se internacionalizar surge, e isso normalmente ocorre na mente de um profissional dentro da instituição e por um motivo. É pautando-se por essa ideia que o profissional trabalhará sua apresentação aos colegas na instituição, para que juntos tracem uma estratégia de se lançar em atividades internacionais. Depois de a ideia ser compartilhada e a estratégia ser delimitada, tem início a fase conhecida como *execução da internacionalização*.

Muitas vezes, a vontade de se internacionalizar não sai da mente de um profissional ou do papel. Isso significa que o sujeito ou a empresa deseja a internacionalização, mas não conseguiu alcançar a etapa de sua execução. Os desafios envolvidos nessa transição de etapas podem ocorrer por: baixo conhecimento ou insegurança sobre executar o processo; limite ou escassez de recursos; entraves relativos a dinâmicas legais e burocráticas nacionais e internacionais; incapacidade de se colocar diante de culturas diferentes da própria, incluído aqui as práticas cotidianas de mercado e negociação.

A **internacionalização ativa** exige a percepção de oportunidades de crescimento e investimento. Isso quer dizer que o gestor ou outro funcionário da instituição deve perceber que o cenário internacional pode promover maiores ganhos de lucro e visibilidade, além de recursos mais baratos de produção logística etc. Assumida a proposta de internacionalizar, iniciam-se as negociações internas na instituição para definir a estratégia ativa. Essa estratégia exige que a instituição esteja preparada e disposta para negociar com o estrangeiro.

No caso de empresas, é importante conhecer o mercado em que se deseja atuar. Por exemplo, se o mercado local está saturado dos produtos oferecidos pela empresa ou se seu produto é exótico e tem maiores chances no mercado externo do que no doméstico, é preciso reunir dados de avaliação dos mercados e dos concorrentes. Com essas informações, a empresa pode definir a natureza do produto ou serviço a ser inserido externamente.

Nesse ponto, é fundamental fazermos um alerta: inserir um produto ou serviço não significa apenas exportar mercadorias. Como você provavelmente já sabe, existem práticas ativas, como se transformar em franquia ou *joint venture* nos mercados estrangeiros, treinando serviços e oferecendo conhecimento (*know-how*). Não compreenda internacionalização apenas como exportação, ainda que muitos exemplos dessa prática advenham da ampliação de exportações de uma empresa em um mercado externo.

Pautando-se na identificação e na negociação para conhecer as potencialidades e fragilidades do seu produto ou serviço, a empresa pode iniciar o contato com a dimensão estrangeira, o qual ocorre por meio de redes de contatos (*networks*), feiras e exposições, mala direta por e-mail ou por representação (revendedora).

O mais usual é se valer das redes de contatos, ou seja, recorrer a conhecidos em um mercado externo para que esse contato esclareça as normas, as dinâmicas e as respostas mais recorrentes do público-alvo e dos concorrentes. Por exemplo, se uma empresa decide investir na internacionalização em Portugal, os gestores conversarão com possíveis amigos portugueses de confiança para os instruir sobre as melhores estratégias ativas de inserção. Aqui empregamos o adjetivo *ativas* porque é a organização nacional que está acionando e mobilizando todas as demais partes, dando início ao processo de internacionalização, negociação e planejamento estratégico.

No caso das feiras e exposições, podemos citar os grandes eventos, como os comerciais para importação e exportação, que ocorrem ao redor do mundo, e as feiras organizadas por câmaras e associações comerciais de determinadas nações que podem receber auxílio governamental. China, Alemanha, EUA e Brasil promovem diversas feiras em variados setores de mercadorias e serviços. São comuns também feiras e eventos acadêmicos de internacionalização de ensino superior, como as patrocinadas pelo Canadá nas principais cidades mundiais.

Nessas feiras, é possível alugar espaços de exposição de produtos e serviços, atraindo olhares e esclarecendo as dúvidas dos visitantes. Tais feiras servem para reforçar vendas diretas, bem como para criar redes de contatos (*networks*) que possibilitarão, futuramente, a internacionalização para outros mercados, como mencionado anteriormente.

Outra forma de contato é por via virtual. Utilizar *sites*, propagandas, malas diretas de *e-mails* ou programas de divulgação de acesso livre (*softwares* com uso grátis parcial) podem ser o contato inicial com empresas e/ou o público-alvo. Antes, porém, é necessário fazer um *survey* (pesquisa de formulários em grande quantidade) para levantar dados do público, identificar as empresas potencialmente parceiras e as concorrentes e compreender de que forma opera o mercado na região de interesse. Os gestores que prospectam a internacionalização precisam tomar cuidado para não ter seu esforço perdido, visto que existem muitas ferramentas de bloqueio e filtro de propagandas. Nesse caso, é preciso pensar bem a estratégia de aproximação virtual entre as partes. Marcar videoconferências é um bom caminho para diminuir custos das tradicionais de visitas e feiras de exposição.

Por fim, ainda que não seja a última possibilidade, é válido contratar uma revendedora ou um representante que se responsabilizará pelos estudos do mercado externo. Essa representação pode ser eficaz, mas é importante tomar cuidado com representantes e distribuidoras que já atendem a muitos clientes de produtos e serviços semelhantes ao da empresa que pretende expandir sua presença para o mercado internacional, isso poderia significar pouco empenho ou alta concorrência interna na hora de alcançar o público-alvo. Quando se visa à inserção em um novo mercado, a empresa tem de garantir que será vista; isso para não correr o risco de se tornar a quarta ou quinta opção de uma revendedora aos seus clientes estrangeiros.

Portanto, o modelo de internacionalização ativa é composto de quatro etapas:

1. preparar-se internamente;
2. estudar o mercado externo;
3. definir a estratégia;
4. executar e monitorar a ação internacional.

Salientamos que a preparação para a internacionalização é fundamental. É preciso traduzir os *sites* para outros idiomas – especialmente para o inglês –, ter ferramentas de comunicação, tecnologia e contatos facilitados para estrangeiros e profissionais capacitados. Na segunda etapa, é importante estudar o mercado em que se pretende atuar, levantando dados de concorrência, recepção dos produtos ou serviços que a empresa oferecerá, disponibilidade e interesse do mercado em relação à organização em questão, além da legislação necessária. Após essas duas primeiras etapas, é hora de definir a estratégia de internacionalização mais adequada. No caso comercial, exemplos de estratégias podem ser exportações diretas, terceirização, franquia, criação de vínculos de cooperação comum etc. Por fim, há de se proceder à etapa de execução da internacionalização, que trata do contato, das exportações, das cooperações e da manutenção dos vínculos. Nessa última fase, é imperioso cuidar da burocracia, dos acordos, de contratos e de convênios, a fim de que tudo transcorra adequadamente.

Todavia, nem sempre estratégia de internacionalização ocorre por iniciativa interna de instituição. Muitas vezes, essa situação advém da demanda de agentes externos, ou seja, empresas, governos, ONGs e universidades estrangeiras que entram em contato convidando a negociar. Por essa razão é que as organizações empresariais têm de contar com um corpo profissional preparado para responder de forma adequada a essa chamada.

Em um primeiro momento, na **internacionalização receptiva**, é preciso descobrir quem são essas partes que entram em contato e quais são seus reais interesses. É preciso ter em mente que nem sempre as partes são idôneas em seus interesses e em suas práticas. Para analisar isso, é recomendável observar seu histórico de atuação em outros mercados, incluindo fases quando tinham identidades e sócios que foram alterados. Deve-se identificar se já atuaram em outros setores e qual foi seu desempenho, bem como qual é a relação que mantêm com outras partes com as quais já entraram em negociações.

Em seguida, é necessário avaliar a proposta em si – qual será a obrigação assumida, a contraparte, a prestação de serviços com a parte ofertante etc. As perguntas a serem respondidas são: Valerá a pena estabelecer a parceria? Será que tudo que é defendido no discurso se mostra materialmente realizável na prática? Existe algum empecilho jurídico na legislação local e na estrangeira? A parceria pode diminuir a confiança do mercado em sua empresa? O melhor é anotar todas as perguntas e levá-las para a apreciação dos demais funcionários da instituição ou para colegas que dominam razoavelmente esse nicho de mercado/atividades.

Após avaliar as partes e as ofertas, é preciso pensar na execução do proposto e nos ganhos a médio e longo prazos. Muitas vezes, o gestor que recebe a proposta reage positivamente ao perceber vantagens em curto prazo, mas nem sempre elas serão satisfatórias se no médio e longo prazos. Ao criar uma parceria, como *joint venture*, ou abrir o capital para investidores estrangeiros, a instituição pode sofrer diminuição a médio e longo prazo em seu poder decisório. Isso pode ocorrer porque, na proposta imediata, existe o respeito às decisões internas da organização. Contudo, nas decisões futuras, os investidores e parceiros podem demandar, por direito, uma maior participação, criando desgastes institucionais.

O modelo de internacionalização receptiva presume três etapas, quais sejam:

1. estudar a proposta;
2. preparar-se;
3. executar e monitorar a ação internacional.

De modo geral, a internacionalização receptiva exige um cuidado redobrado a empresa não teve tempo suficiente de se preparar para determinado mercado externo. A preparação pode acontecer ao mesmo tempo em que as negociações ocorrem ou, até mesmo, depois de fechado o contrato. Vale ressaltar que, mesmo como empresa, a internacionalização pode surgir como demanda de agentes diversos em parcerias de internacionalização. Por isso, é importante, se possível, já estar preparado para compreender os principais interesses envolvidos nas práticas internacionais dos mais diversos agentes internacionais.

É incorreta a ideia de que as empresas só se relacionam com outras na internacionalização ou que, como profissional, o gestor tratará apenas da internacionalização de mercadorias. A seguir, discorreremos sobre esse tema no atual cenário da globalização.

1.3 Globalização: novos agentes e ferramentas para a internacionalização

Agora que expusemos, de forma breve e objetiva, os principais conceitos da internacionalização, abordaremos o atual cenário internacional: a globalização. Adilson Gennari e Cristina Albuquerque (2012), que adotam uma percepção mais crítica da globalização, identificam-na como um processo de aceleração de relações e contatos entre as nações após as revoluções industriais e os modelos econômicos liberais que tenderam a homogeneizar comportamentos e consequências na vida social ao redor do mundo.

De fato, a globalização, como uma intensificação das aproximações humanas, gerou desafios, mas também oportunidades, como possibilidade e maior facilidade de uma instituição se internacionalizar. Ao pensar na internacionalização como prática externa à realidade local de origem da instituição em questão, a globalização proporcionou facilitadores, tais como: padrões de comunicação; regimes internacionais; processos de integração regional; e interdependência entre as nações.

No caso dos padrões de comunicação, é possível identificar o uso frequente da língua franca (atualmente, o inglês), bem como das ferramentas virtuais.

A **língua franca** diminui barreiras de comunicação e acelera o processo de negociação e compreensão das diversas realidades locais. Se antes muitos mercados eram fechados ou isolados pela dificuldade de comunicação com a população local, atualmente a língua franca não só permite compartilhar palavras compreendidas por diversos povos, mas também valores e costumes. Estes, por sua vez, padronizam o ato de negociar, exemplificados por um aperto de mão, pelo registro das intenções em documentos escritos etc.

No caso da **tecnologia**, a comunicação virtual, as redes sociais profissionais e outras formas de aproximação profissional e de negócios reduziram custos e tempos. Antigamente, a internacionalização sem internet demandava que um indivíduo visitasse a nação estrangeira, voltasse à sua instituição, narrasse o que viu (pessoalmente, por carta ou telefone), buscasse informações em pesquisa do mercado local *in loco* para somente então dar início ao processo de internacionalização. Atualmente, com a internet, praticamente todas as informações sobre mercado, comportamento da sociedade estrangeira e regras burocráticas governamentais estão à disposição na tela do computador ou do celular. Isso, por si, já demonstra o quanto as novas tecnologias diminuíram custos e tempo na internacionalização. Vale lembrar que essas tecnologias advieram justamente de um dos principais motores da globalização: as revoluções industriais e tecnológicas, que tiveram origem no mundo ocidental, especialmente na Europa, mas que hoje alcançam a base econômica e social de diversas nações em todos os continentes.

É comum a associação da internacionalização com empresas, e isso acontece em decorrência de a produção teórica e os estudos acadêmicos sobre o tema terem se fortalecido nas faculdades de Administração de Empresas. Contudo, na atualidade, diversas instituições buscam se internacionalizar e/ou participar do processo de internacionalização de outros agentes. Como dito, os Estados já nascem internacionalizados entre seus vizinhos e suas relações diplomáticas. Já empresas, ONGs, universidades e até mesmo cidades precisam se compreender como parte do cenário internacional e criar estratégias de visibilidade e inserção em outras dinâmicas externas, nações e mercados.

De modo geral, as organizações buscam obter ganhos financeiros na internacionalização e passam, quase sempre, pelos trâmites comuns de estudos de mercados externos, aberturas de capitais, importação e exportação e apoio governamental para fomento do desenvolvimento nacional. Nessa concepção de internacionalização, tanto o mercado quanto as decisões dos gestores podem criar dinâmicas de atuação no cenário internacional. No entanto, como mencionamos, as empresas podem receber apoio de outros agentes ou, até mesmo, passar por processos de averiguação, como de governos e ONGs.

É importante frisar que a internacionalização empresarial precisa observar a legislação nacional do país de origem da instituição (impostos sobre transferência de lucros internacionais e licenças a determinados produtos e serviços). Também tem de respeitar a legislação das nações em que a organização atuará e alguns regimes internacionais, como da Organização Mundial de Comércio (OMC), formada por Estados e que busca fiscalizar práticas de *dumping* e alguns tipos de subsídios, e da International Chamber of Commerce (ICC – em português, Câmara Internacional de Comércio). Além disso, outras empresas podem ser parte importante no processo, como instituições financeiras (bancos que cuidarão dos investimentos e das transferências de capitais e investimentos) e de consultoria (referentes aos mercados e processos legais e burocráticos).

Na internacionalização de empresas, é fundamental considerar as avaliações de risco de investimentos e tomadas de decisão, bem como o conhecimento sobre a cultura externa. Por isso, comumente percebe-se que organizações da sociedade civil não governamentais (ONGs) atuam na fiscalização de práticas de produção de mercadorias e, até mesmo, nas propagandas vinculadas em sua divulgação no mercado externo. As ONGs defendem temas diversos e podem representar forças importantes da sociedade, especialmente em regiões nas quais a opinião pública se mostra mais exigente, como em mercados ocidentais.

Por exemplo, se uma empresa vende um produto de cosmético com sementes brasileiras na Suécia, é possível que ONGs nesse país nórdico avaliem os ingredientes e verifiquem se existem testes em animais que podem levar a denúncias de valores ao público-alvo. Este, por sua vez, pode criar boicotes à marca e ao produto, inviabilizando a internacionalização satisfatória. Da mesma forma, isso pode se dar por meio de empresas competidoras ao produto, as quais podem apelar ao sentimento de nacionalidade (recusa ao estrangeiro) e a outras estratégias de mercado e visibilidade que devem ser previstas nesse processo.

No caso das ONGs, a internacionalização pode significar entrar em redes de cooperação com outras ONGs ao redor do mundo, ou buscar ampliar sua atuação em outras áreas. Por exemplo, ONGs que tratam de direitos humanos em zonas de conflito tendem a ter uma atuação mais ampla em diversos cenários em todo o mundo, a exemplo do acontece com as ONGs que lutam pelos direitos dos animais. Por seu turno, ONGs com práticas locais, como aulas e capacitação de cidadãos em situação de risco e vulnerabilidade social, podem tender a uma atuação geográfica mais limitada a uma cidade ou a um bairro, sem que isso, porém, seja um impeditivo para oportunidades de internacionalização por cooperação.

Internacionalizar, para uma ONG, independentemente de seu tamanho e da área de atuação, pode implicar a captação de recursos de diversas fontes ao redor do mundo sensíveis à causa defendida. Também, pode representar a troca de informações e dados com outras ONGs que colaborem na defesa de suas pautas de atuação, como coleta de dados sobre desenvolvimento, criminalidade, novos materiais e tecnologias etc. Com isso, cabe ao profissional que cuida da internacionalização de ONGs identificar parcerias e áreas de atuação internacionais. Uma dica é observar como outras ONGs internacionais do mesmo setor atuam e de que maneira conseguem articular sua agenda, conquistando credibilidade e apoio em dinâmicas internacionais.

Já no caso de instituições de ensino, como as universidades (públicas ou privadas), é importante ter em mente sua função na sociedade e em serviços. Tais instituições buscam ensinar conhecimentos e práticas aos alunos, bem como desenvolver pesquisas e aprimorar a produção e o compartilhamento do conhecimento. Por essa via, a internacionalização de instituições de ensino não deve ser pautada apenas em intercâmbios de alunos ou professores, mas, sobretudo, na cooperação e nas trocas com outras instituições estrangeiras com perfis semelhantes. Fomentar a pesquisa por meio da produção docente e discente, utilizando as novas tecnologias de comunicação (que diminuem custos), e preocupar-se com acessibilidade bilíngue e outros materiais de apoio virtual e presencial são algumas das práticas exigidas.

Já as cidades, na qualidade de agentes governamentais, utilizam-se da paradiplomacia (diplomacia paralela ou política externa local/municipal) para defender seus interesses de desenvolvimento local em captação de apoio financeiro internacional e em trocas de modelos de políticas públicas exitosos com outras cidades e organizações internacionais, como por meio do Banco Mundial. Dessa forma, as cidades podem tanto cooperar quanto se tornar competitivas entre si, a depender de suas agendas e estratégias paradiplomáticas de internacionalização.

Em suma, é possível identificar diversos processos de internacionalização, considerando a natureza das instituições.

Empresas tendem a competir mais por nichos de mercado, ao passo que universidades (mesmo que sejam empresas) têm como mote o interesse público vinculado ao conhecimento. Por isso, tendem a cooperar mais entre si, assim como fazem as ONGs de pautas semelhantes. Entretanto, em comum, todas essas instituições, ao praticarem a internacionalização, buscam o diálogo com o mundo exterior, que, muitas vezes, mostra-se culturalmente distante, cheio de desafios, mas também repleto de oportunidades. Para superar esses desafios, como mencionamos, é preciso recorrer a ferramentas como a língua franca, as novas tecnologias de comunicação virtual e o domínio das informações legais e culturais dos espaços de atuação da instituição que visa se internacionalizar.

1.4 Principais teorias da internacionalização

Nesta seção, apresentaremos as principais correntes teóricas da internacionalização. Talvez você esteja se perguntando: Por que é preciso saber a teoria se a internacionalização é um processo tão prático? Na realidade, muitas pessoas acreditam que teoria são ideias e pensamentos sobre determinado objeto – o que não deixa de ser verdade. Contudo, teorias são conjuntos de ideias previamente testadas para explicar a realidade. Diferentemente das ideias da filosofia, as teorias científicas reúnem métodos e conceitos empíricos, ou seja, vários pesquisadores já colocaram em prática suas avaliações, que colaboram para explicar o que ocorre no mundo material ou real.

Reconhecendo a importância da produção teórica, ampliaremos, nesta seção, a abordagem sobre a internacionalização para além da reprodução mecânica de etapas e modelos. Nosso intuito é possibilitar em sua formação profissional a visão crítica e a capacidade de compreender as origens, os desafios e as oportunidades em nosso dia a dia – sobretudo, para que você consiga adaptar modelos e estratégias a sua realidade.

De modo geral, as teorias de internacionalização começaram a ser formuladas ainda na Idade Moderna, isto é, logo após as grandes navegações europeias e o Renascimento. Pensadores como David Ricardo, considerado o pai teórico do comércio internacional nos séculos XVIII e XIX, defendiam que nenhuma nação possuiria tudo (bens e recursos) de que sua população precisaria para alcançar o bem-estar e, portanto, todas as nações deveriam comercializar entre si. Essa ideia, bem como a sua divisão internacional do trabalho (cada nação deveria se especializar em produzir e comercializar aquilo em que teria maior facilidade), legitimou a prática de internacionalização de empresas nos últimos séculos.

Todavia, atualmente, contamos com ao menos dois grandes grupos teóricos sobre internacionalização, que foram desenvolvidos cientificamente nos séculos XX e XXI, como mostra o Quadro 1.1, a seguir.

Quadro 1.1 – *Principais teorias sobre internacionalização de empresas*

Enfoque	Teoria	Principal autor	Ideia básica	Força motora
Econômico	Poder de mercado	S. Hymer	Firmas operam no exterior para controlar outras empresas e usar suas vantagens competitivas.	Alargamento das *collusive networks* [1] e restrições à concorrência em cada mercado.
Econômico	Ciclo do produto	R. Vernon	Firmas inovam em seus mercados nacionais e transferem a produção de produtos menos sofisticados para países em desenvolvimento, isto é, produtos maduros são produzidos em países em desenvolvimento.	Busca de locações que apresentem menores custos para tecnologias estáveis.
Econômico	Internalização	P. Buckley M. Casson	Firmas internalizam mercados quando os custos de transação de uma troca administrativa são menores que os custos de mercado, o que aumenta a eficiência coletiva do grupo.	A expansão ou contratação da produção internacional depende de mudanças nos custos de transação de operar em um conjunto maior de mercados, em comparação com os custos de coordenar diretamente as transações.
Econômico	Paradigma eclético	J. Dunning	Firmas operam no exterior quando têm vantagens competitivas em propriedade (O), localização (L) e internalização (I).	Uso da OLI no processo de internacionalização da empresa.
Enfoque organizacional	Escola de Uppsala	J. Johanson J. E. Vahlne	Firmas apresentam as seguintes características: distância psíquica; internacionalização incremental; e formação de *networks*.	Envolvimento crescente da firma partindo do aumento do conhecimento sobre localização.
Enfoque organizacional	Escola Nórdica	S. Andersson	O empreendedor é o fator mais importante na escolha do modo de entrada.	Papel do empreendedor como fundamental no processo de internalização da firma.

Fonte: Hemais; Hilal, 2004, p. 36, citados por Khauaja, 2009, p. 28-29.
[1] Redes de parcerias fechadas.

Nesse quadro, é possível visualizar os grupos teóricos separados pelos enfoques econômico e organizacional. Para cada um deles, estão expressos os principais autores e suas ideias básicas sobre os responsáveis por executar a internacionalização. Uma palavra que sobressai em ambos os enfoques teóricos é *internalização*, que significa a capacidade da firma de se gerir, reformular e ter condições internas para atender às demandas internacionais.

Referente aos autores de enfoque econômico, Stephen Hymer (1934-1974), canadense, é considerado o pai dos negócios internacionais, por suas contribuições sobre investimentos estrangeiros diretos. Raymond Vernon (1913-1999), estadunidense, participou de importantes iniciativas financeiras e planos econômicos, como o Plano Marshall de recuperação dos mercados após a Segunda Guerra Mundial, e publicou, em 1966, um dos mais importantes estudos sobre teorias do ciclo do produto e exportações dos EUA. Os britânicos Peter Buckley (1949-) e Mark Casson (1945-) trataram, ainda nos anos 1970, sobre o comportamento e o futuro das multinacionais, e, em 1976, propuseram uma teoria da internacionalização de multinacionais. Por sua vez, John Harry Dunning (1927-2009), também britânico, teve no Reino Unido um papel similar ao de Stephen Hymer, estudando investimentos e estratégias das firmas em negócios internacionais.

Com relação aos autores de enfoque organizacional (e, por vezes, mais comportamentalistas quanto aos gestores e processos internos das firmas), Jan Johanson (1934-) atua na Suécia, mais precisamente na Universidade de Uppsala, estudando administração de empresas e negócios internacionais. Ao lado de Jan-Erik Vahlne (1941-), Johanson desenvolveu o modelo de análise da internacionalização para além dos mercados, agregando o funcionamento interno das firmas e da administração de empresas. Por fim, Svante Andersson, na Universidade de Halmstad (Suécia), reúne diversas contribuições de outros teóricos europeus que trabalharam nas propostas de Johanson e Vahlne e, nos anos 2000, fez uma análise sobre o empreendedorismo na internacionalização.

O enfoque econômico basicamente trata das forças do mercado que empurram empresas e demais instituições a se internacionalizarem. Por exemplo, se uma empresa se dedica à produção de roupas, provavelmente o mercado irá levá-la para a produção em regiões com mão de obra mais barata que a da cidade original, ou a um local estratégico para a logística de escoamento para exportação. Nesse caso, o mercado determina para onde e como o processo ocorrerá, em razão das necessidades financeiras e de custos.

Já as teorias organizacionais e comportamentais concentram-se na capacidade dos gestores de definir para onde e como se internacionalizar, sendo os interesses dos gestores mais determinantes do que as dinâmicas de mercado. Usando o mesmo exemplo anterior, caso os gestores de uma empresa, por falta de conhecimento, não se sintam confiantes em investir em uma região ótima na logística e nos recursos, mesmo que o mercado indique o melhor caminho, eles poderão barrar o processo e orientá-lo para outras áreas. Logo, nessa perspectiva, o fator humano é determinante para a internacionalização, e não o mercado sozinho.

Diante desses dois grupos de explicações sobre a internacionalização, apresentaremos a seguir como cada enfoque propõe ferramentas de compreensão sobre o processo.

1.4.1 Como o mercado interfere na internacionalização

A perspectiva econômica é a mais tradicional e surgiu com explicações na dimensão do mercado. Sabemos que parte da compreensão da globalização advém da intensificação comercial entre os povos. Por isso, explicar que a internacionalização é a resposta às dinâmicas do mercado foi o que Hymer, Vernon, Buckley, Casson e Dunning fizeram em seus trabalhos, formando um conjunto de ideias e conceitos mais contemporâneos, como expresso no Quadro 1.1. Segundo Khauaja (2009): Hymer focaliza no poder de mercado; Vernon trata do ciclo do produto; Buckley e Casson enfocam a internacionalização advinda dos custos; e Dunning se debruça sobre o paradigma eclético.

É provável que em outros momentos você já tenha lido ou tido contato com as explicações de mercado, por serem amplamente difundidas na gestão de empresas. Isso porque o mercado é o grande palco de ação das organizações e de outras instituições públicas, como os próprios governos – que precisam decidir sobre políticas econômicas e comerciais de apoio ou de proteção a seus mercados. Pautando-se por essa concepção, torna-se possível destacar as principais ideias desses autores que sustentam explicações considerando variáveis como custos, logística, demandas externas e concorrência por mercados.

No caso do **poder de mercado** de Hymer (1983), a concorrência é um fator-chave para compreender por que e como as empresas se internacionalizam. Para ele, a livre concorrência leva empresas mais competitivas (produtos melhores e baratos) a conquistarem posições melhores, especialmente se internacionalizando por meio de investimentos diretos em mercados estrangeiros. Ele defendia, no pós-Segunda Guerra Mundial, que as empresas, ou firmas, deteriam o poder de mercado, ou seja, buscariam a internacionalização para controlar empresas competidoras advindas de outros mercados estrangeiros, por meio de compras, fusões e quebras comerciais competitivas.

De acordo com Khauaja (2009, p. 24), o Hymer defendia que

> os investimentos diretos das firmas são motivados por suas atividades domésticas, e não somete pela taxa de juros. Como há imperfeições no mercado (risco, incerteza e barreiras), é mais vantajoso coordenar as atividades de produção dentro da firma, de certa forma internacionalizando essas imperfeições do mercado. A teoria do poder de mercado tratou o fluxo de capital nas operações internacionais.

Nesse sentido, a internacionalização ocorreria por uma consequência do mercado. Isto é, uma empresa teria sucesso no mercado nacional e passaria a investir em mercados estrangeiros, especialmente nas empresas concorrentes em potencial, para facilitar sua ampliação de mercado. Uma vez que instituições estrangeiras estariam vinculadas à empresa em questão, seu crescimento em nível global seria muito mais fácil. Logo, a internacionalização se dá por meio de investimentos, na intenção de diminuir a concorrência internacional.

Já Vernon (1966) defendeu que a internacionalização seria um processo natural de três etapas: (1) criação de um produto no mercado nacional; (2) inserção desse produto em mercados estrangeiros; e (3) maturação do produto, ou seja, sua produção e consumo em outras nações que não a original. De acordo com Khauaja (2009), Vernon sugere que a internacionalização poderia ser um processo natural e sistemático de empresas bem-sucedidas em seus produtos e serviços. O raciocínio seria o seguinte: Se um produto de tecnologia (como eletroeletrônicos) é lançado e alcança um bom desempenho no mercado doméstico, por que não o lançar posteriormente no mercado estrangeiro? E, após seu consumo consolidado nos mercados estrangeiros, por que não transferir a produção para mercados com mão de obra barata e aumentar o faturamento de lucros? Contudo, essa proposta pode ser considerada determinista e um tanto superficial ao se considerarem as ideias de Buckley, Casson e Dunning.

Buckley e Casson (1976) trataram dos custos como base explicativa da internacionalização. Isso significa que uma empresa buscaria a internacionalização não apenas por obter sucesso no mercado doméstico, mas por ver atrativos de ganhos (custos baixos em administrar os investimentos, produtos e serviços) em procedimentos no estrangeiro. A internacionalização ocorreria pela capacidade de lucros, e para isso seria necessário identificar os padrões de crescimento do mercado, os lucros iminentes e os mercados a serem explorados com sucesso.

Os procedimentos da internacionalização não seriam diferentes dos anteriores (comércio, investimentos e abertura de filiais), mas os dois autores priorizam três procedimentos de acordo com o tamanho dos mercados (custos e lucros possíveis): (1) exportação – para mercados pequenos, a fim de manter o controle administrativo da firma;

(2) licenciamento – para mercados de tamanho médio e por controle contratual, como franquias); (3) e *joint venture* e investimento estrangeiro direto (IED) – para mercados maiores, via aquisição de uma empresa estrangeira ou *greenfield* (quando a empresa investe e começa do zero em um mercado estrangeiro).

Dunning (1988), por sua vez, reforça os reflexos do mercado na internacionalização empresarial, como o deslocamento de empresas para locais próximos de recursos mais baratos, pontos estratégicos da logística internacional, a saturação do mercado local e, com efeito, a busca por mercados estrangeiros. Seu paradigma eclético ganhou maior destaque, porém, ao organizar em três situações os motivos e as estratégias da internacionalização: (1) vantagens em propriedade, representado pela letra O (*ownership*); (2) localização, representado pela letra L; internalização, representado pela letra I, que corresponde a vantagens de integrar as transações no interior da empresa em quatro critérios de decisão (risco, controle, retorno e recursos).

Segundo Khauaja (2009), Dunning defendeu em um segundo momento que a internacionalização segue os reflexos OLI, mas que também é preciso pensar em procedimentos de gestão que integrem a empresa às redes e a outros meios de cooperação com empresas estrangeiras, reconhecendo que não basta reagir aos sinais do mercado; é preciso também preparar a capacidade dos gestores e da empresa de se reconhecer em possíveis mercados interdependentes. A interdependência pressupõe relações mútuas; nesse caso, uma empresa não age sozinha no mercado, mas interconectada em relações positivas e negativas com muitas outras organizações e agentes (governos, agências de risco etc.).

De forma mais simples e objetiva, para esses teóricos, o mercado teria a capacidade de determinar o comportamento e as escolas dos gestores, que tenderiam sempre a seguir para o menor custo/maior lucro na expansão internacional de seus negócios. Outro fator de mercado que explicaria a maior propensão à internacionalização de uma empresa ou dos mercados no mundo seria o aspecto de barreiras tarifárias próximas a 0% (imposto de importação). Isso significa que quando os impostos estão baixos ou são inexistentes para a importação, por exemplo, aquele mercado (ou nação) é tido como mais liberalizado economicamente.

Com a financeirização da globalização (liberalização dos mercados e menos protecionismo estatal), a partir dos anos 1980, lideradas pelos Estados Unidos da América (Ronald Reagan) e do Reino Unido da Grã-Bretanha (Margareth Thatcher), muitas nações passaram a diminuir suas barreiras tarifárias, atraindo maiores investimentos e favorecendo o processo de internacionalização – inicialmente, das grandes empresas, e atualmente, das PMEs. Para muitos teóricos de mercado, a liberalização e a diminuição de tarifas à importação explicaria o comportamento decisor da internacionalização.

Mas será que é sempre assim? Por escolhas racionais em dados do mercado, as empresas seguiriam caminhos semelhantes? Outros grupos de teóricos, como os organizacionais e comportamentalistas, apostam que não. Embora o mercado interfira e seja relevante na tomada de decisão, o preparo pessoal dos gestores e as dinâmicas de contatos pessoais podem interferir singularmente em cada caso de internacionalização segundo o entendimento deles.

1.4.2 Como o comportamento interfere na internacionalização

Já analisamos como o mercado pode ser compreendido pelas teorias de internacionalização. Contudo, olhar apenas para o mercado poderia ser algo muito determinista, obstando avaliar riscos profundos segundo os teóricos organizacionais e comportamentalistas. De modo geral, a perspectiva organizacional se fortaleceu no norte da Europa, mais precisamente na Suécia. Na Universidade de Uppsala, uma das mais antigas da Europa, os pesquisadores de administração formularam explicações para a internacionalização, questionando a visão meramente mercadológica. Johanson e Vahlne foram os dois pesquisadores que mais contribuíram para essa abordagem teórica sobre a realidade empírica das instituições que se internacionalizavam.

É possível resumir as contribuições de Johanson e Vahlne em três conceitos que já foram mencionados no Quadro 1.1: (1) distância psíquica; (2) internacionalização incremental; e (3) formação de *networks*. A distância psíquica representaria o grau de conhecimento e de segurança que um gestor tem sobre um mercado estrangeiro específico. Por exemplo: Quanto determinado gestor brasileiro conhece do mercado e dos costumes indianos para investir nesse país? Se conhece muito, sentirá mais segurança, e sua distância psíquica será baixa. Porém, se suas noções sobre a Índia são diminutas, sua insegurança será alta, assim como sua distância psíquica.

Dessa forma, podemos assim resumir o exposto: quanto menor for a distância psíquica, maior será o conhecimento e maiores serão as chances de internacionalização.

Distâncias psíquicas elevadas geralmente tendem a impedir investimentos no estrangeiro. Isso inclui tanto investimento direto (capital) como exportação, franquias e outras práticas. Por isso, ainda que, para certa empresa, o melhor lugar para abrir uma filial seja na Índia, se o gestor não conhece bem a cultura local e se sente inseguro (alta distância psíquica), tenderá a não investir nesse país. Com esse conceito, a perspectiva organizacional questiona as teorias de mercado, entendendo que os indivíduos e suas capacidades de mensurar riscos e fazer escolhas pela empresa são tão ou mais importantes que os sinais do mercado.

Por isso, o processo de internacionalização seria incremental e processual. Isso significa que, a internacionalização não parte de uma única decisão, mas se trata de um conjunto de decisões ao longo do tempo que resultará em um grau primário, secundário e até mais profundo e amplo nos mercados estrangeiros. Em uma pequena firma ou em relação a um microempreendedor, a decisão de exportar pode ser única e direta, definindo a internacionalização. Contudo, em empresas de médio e grande porte, esse processo deve passar por várias análises e decisões. Porém, em ambos os casos, são tomadas as decisões de avaliação do mercado estrangeiro e de executar a internacionalização. Dessa forma, é possível defender a internacionalização como processual em ambos os casos.

Já a formação de *networks* diz respeito às redes de contato de trabalho. No caso específico, são os contatos que os gestores da empresa mantêm com outros profissionais, empresários e nativos do mercado estrangeiro em questão. Por exemplo: por mais que um gestor tenha baixa distância psíquica inicial, como a internacionalização é processual, o profissional poderá ir aprendendo e coletando informações com nativos e amigos em mercados estrangeiros, as quais facilitarão a internacionalização da empresa. Outro ponto importante nas redes de contatos é que elas podem apresentar demandas de mercados reprimidos (existem compradores, mas não há empresas que os atendam). Além disso, as redes de contato exercem uma atração que pode superar os índices e sinais do mercado.

Quando um gestor ou empresa tem uma rede de contatos fixada na Indonésia, por exemplo, mesmo diante de sinais do mercado que apontem para a internacionalização na Índia, a opção pode ser pelo outro país. Isso porque o gestor poderia obter informações mais completas e sentir mais segurança para investir no mercado indonésio. Com isso, emergem as ações de mensurar e avaliar riscos. Para teóricos comportamentalistas e organizacionais, isso é muito importante, por se tratar de escolhas individuais e humanas dos gestores. Esse critério estaria intimamente associado ao fator empreendedor, tratado por Andersson (Khauaja, 2009).

Andersson (2000) reformulou os conceitos da Escola de Uppsala e incluiu o fator empreendedorismo na avaliação da internacionalização. De acordo com ele, alguns gestores podem intervir nos processos decisórios da empresa ou instituição apresentando um dos três perfis de empreendedor: (1) técnico (que busca introduzir novos conceitos, modos de produção e produtos no mercado estrangeiro); (2) de marketing (que procura ampliar e encontrar novos mercados para os produtos e serviços, avaliando o público-alvo); e (3) estrutural (que modifica a organização da indústria). Nos três casos, é possível perceber que o executivo/gestor se torna o fator mais importante para a entrada da instituição em uma nova nação.

Contudo, é importante destacar que os valores do que são qualidades e defeitos variam de acordo com a nação e a região do planeta. Reconhecendo isso, na próxima seção, aprofundaremos nossa abordagem, tratando da dimensão cultural, seus desafios e suas oportunidades.

1.4.3 *Dimensão cultural na internacionalização*

A dimensão cultural deve ser compreendida como a diversidade de valores, costumes e anseios que emanam das nações e de seus povos e que, de diversas formas, interferem nos processos de negociação, comercialização, cooperação e internacionalização. Deve estar claro que a cultura faz parte da compreensão teórica e prática da internacionalização. Para evidenciar isso, utilizaremos alguns critérios teóricos, como os de Geert Hofstede (1928-2020), que avaliou para a empresa IBM as dimensões culturais em negócios internacionais.

A teoria da cultura de Hofstede (1994) se baseia em um dos maiores estudos empíricos já desenvolvidos sobre diferenças culturais no cenário internacional. Nos anos 1970, a IBM (àquela altura, já uma empresa multinacional de tecnologia e de informação e sistemas) tinha dificuldades de compreender como seus funcionários, de origens nacionais (e culturais) distintas, mesmo seguindo as regras e os procedimentos da empresa, apresentavam comportamentos diferentes. A organização, muito intrigada, iniciou uma extensa pesquisa para investigar por que suas filiais (no Brasil e no Japão, por exemplo) continuavam a ser geridas de maneiras muito diferentes, apesar de tantos esforços desenvolvidos para implementar regras comuns de sua matriz.

Foi nessa situação que Hofstede foi acionado e se empenhou para identificar as diferenças de funcionamento nessas empresas. Como resultado, o pesquisador chegou à conclusão de que as diferenças advinham da cultura dos empregados e, em grande parte, da cultura da nação de acolhimento. Logo, sua conclusão foi de que a cultura de cada indivíduo determina seu comportamento como sujeito, mas também cria uma cultura coletiva (ao longo dos processos históricos e sociais) que influencia as características de gerir e recepcionar negócios. *Grosso modo*, o que Hofstede defendeu é que não importaria a regra ser igual a todos, porque cada cultura a aplicaria de maneira distinta – cumprindo-a plenamente, parcialmente ou encontrando maneiras de não cumpri-la, mas alcançando os mesmos resultados objetivados pela matriz.

Imagine, agora, que certa empresa busca se internacionalizar. Segundo esses estudos, é evidente que a mesma organização, com as mesmas regras, pode não ser gerida e atuar da mesma forma que aqui no Brasil – isso dependerá sempre de seus funcionários e da cultura vigente. Por isso, algo muito importante, para se internacionalizar, é conhecer a cultura do outro. Hofstede defendia que a cultura seria como uma programação coletiva, ou seja, estaríamos todos programados para distinguir os membros de nosso grupo dos membros de outros grupos. Dessa forma, uma gestão padronizada e universal seria inviável. Portanto, por essa perspectiva, quem busca se internacionalizar precisa adaptar ou recriar regras e procedimentos para obter sucesso em sua internacionalização em cada nação que empreende.

No caso da percepção teórica organizacional, a cultura (organizacional), para Hofstede, seria um fenômeno em si mesmo. Em outros termos, além da cultura nacional de um povo, haveria uma cultura da empresa, e essa deveria ser repensada sob os valores da cultura nacional envolvida. Não necessariamente a cultura organizacional deva ser extinta para dar lugar apenas aos valores e às práticas da cultura nacional estrangeira; o que se deve buscar é um equilíbrio entre ambas. Por exemplo, se uma empresa exige 44 horas semanais de trabalho, de segunda a sábado, mas no lugar em que pretende atuar não se pode trabalhar aos sábados (por princípios religiosos, por exemplo), terá de respeitar essa prática e transferir as demais horas de sábado para o domingo ou distribuí-las ao longo dos demais dias da semana.

Para facilitar essa compreensão, Hofstede propôs uma tipificação dos grandes grupos de valores culturais, ou seja, criou grandes grupos de modelos de padrões culturais para classificar as nações e facilitar os processos de negociação e internacionalização em todo o mundo. Essa proposta, conhecida como *modelo das dimensões culturais de Geert Hofstede*, é um quadro-referência que descreve cinco tipos (dimensões) de diferenças/perspectivas de valores entre as culturas nacionais (Santana; Mendes; Mariano, 2014):

1. **Distância ao poder**: Também chamada de *distância hierárquica*, é uma medida do quanto os membros menos poderosos de uma civilização aceitam e esperam uma distribuição desigual de poder na sociedade. É possível pensar, por exemplo: Será que o chefe é uma autoridade ou apenas um colega com melhor capacidade de decisão? Cada cultura

tende a ter maior ou menor grau de submissão à figura de autoridades. Ela se estabelece em conformidade com os sistemas de valores daqueles que têm menos poder. A dimensão distância ao poder está diretamente relacionada com a forma encontrada por diferentes sociedades para lidar com a questão fundamental de gerir as desigualdades entre os indivíduos. Ela também pode ser associada à corrupção. Por exemplo, uma sociedade que não aceita a corrupção tem menor distância aos gestores (poder); já sociedades mais flexíveis a práticas duvidosas podem ter o valor de distância maior ao poder (sensação de indiferença aos assuntos em questão).

2. **Individualismo *versus* coletivismo**: Demonstra o quanto as pessoas sentem que têm de tomar conta de si próprias, de suas famílias ou das organizações em que trabalham. Essa dimensão indica se uma sociedade é uma rede social sem relações entre os indivíduos, na qual se supõe que cada um se interessa apenas por si mesmo, ou se ela oferece um tecido social fechado, no qual os indivíduos se dividem entre membros e não membros de grupos e esperam que o grupo ao qual pertencem os proteja.

3. **Masculinidade *versus* feminilidade**: Aponta se a cultura é mais conducente ao predomínio, à assertividade e à aquisição de coisas *versus* uma cultura que é mais conducente às pessoas, aos sentimentos e à qualidade de vida. Também diz respeito à medida em que o sexo determina os papéis dos homens e das mulheres na sociedade.

4. **Evitar a incerteza**: Hofstede definiu essa dimensão como o grau de ameaça percebido por membros de uma cultura em situações incertas ou desconhecidas. Essa dimensão,

portanto, reflete o sentimento de desconforto que as pessoas sentem ou a insegurança com riscos, caos e situações não estruturadas. Uma cultura que teme o risco tende a não aceitar facilmente investimentos e negócios cujos resultados são incertos ou dependam da sorte de outros fatores envolvidos.

5. **Orientação a longo prazo *versus* a curto prazo**: Indica em que medida uma sociedade baseia suas tradições nos acontecimentos do passado ou do presente, nos benefícios apresentados ou, ainda, no que é desejável para o futuro. Sintetizando, o longo prazo seria representado pelos valores orientados para o futuro, como poupanças e persistência; o curto prazo, por sua vez, diria respeito aos valores orientados para o passado e o presente, como o respeito pela tradição e o cumprimento de obrigações sociais.

Com essas cinco dimensões, é possível cruzar diversas informações e identificar nações e suas culturas de forma distinta. Cada cultura teria graus diferentes para cada uma dessas dimensões e, por conseguinte, precisaria ser tratada de forma única pelos investidores e gestores envolvidos com a internacionalização. Fazemos, porém, um alerta: essa divisão teórica pode ser um tanto simplista para compreender a complexidade da realidade. Portanto, é essencial que o gestor busque informações adicionais sobre a região em que a empresa atuará e com a qual se envolverá.

Tendo clarificado as dimensões de Geert Hofstede, podemos agora identificar desafios e oportunidades na internacionalização vinculadas à diversidade cultural. Segundo Santana, Mendes e Mariano (2014, p. 2), "a distância cultural aumenta as dificuldades nas relações entre empresas. E quanto maior esta distância, maiores são as diferenças nas práticas organizacionais e de interpretar e responder a questões estratégicas". De acordo com os autores, toda instituição que busca atuar internacionalmente deve adaptar sua forma de se comunicar e de fazer negócios, bem como sua cultura organizacional e seu produto.

Não é possível vender produtos artesanais que utilizem determinados ingredientes pouco interessantes para o mercado externo ou proibidos de serem usados naquela cultura. Da mesma forma, não se pode ofertar serviços de aplicativos ou de ensino para comunidades que não lidam bem com as regras formais de ensino (presencial ou EaD) ou com tecnologias em celulares e computadores. Para isso, é preciso pensar no produto/serviço diante do público-alvo, para só então considerar os desafios de parcerias, legislação e custos.

Desafios de custos com burocracias quase sempre surpreendem um gestor pouco preparado. Isso ocorre por ele não conhecer a fundo a dimensão cultural do mercado e da comunidade em que atua. O fato de ele conhecer bem a legislação, as regras e os impostos do local de origem da empresa não significa que ele entende o regramento do restante do mundo. Em alguns lugares, podem não ser cobrados impostos sobre a atuação da instituição, como ocorreria no Brasil, mas os documentos exigidos e a burocracia de liberação podem ser muito mais complexos – exigindo processos e documentos que seriam difíceis de obter sem o apoio de estrangeiros locais.

Outro desafio comum são os hábitos: Será que os nativos de outros países têm o mesmo ritmo de alimentação que nós (de três a quatro refeições, por exemplo)? Mesmo que tal nação seja falante de português (Portugal ou Angola, por exemplo), os indivíduos dessa localidade compreenderão as informações presentes em contratos, propagandas ou, até mesmo, no rótulo do produto? É preciso pensar cautelosamente em todas essas questões, a fim de se precaver para desafios que parecem simples, mas que no calor da realização da internacionalização podem ser esquecidos. Além dessas, outras questões, como de gênero, cores, símbolos, mistura de alimentos sagrados e tradições, podem comprometer estratégias de internacionalização.

Se levarmos em conta as dimensões de Hofstede, poderemos mensurar que no Brasil existe um desafio relacionado à internacionalização dos europeus, pois muitas vezes eles tratam os chefes brasileiros como os demais funcionários da instituição – o brasileiro tem uma valorização maior ao chefe do que os europeus, e em gestão o chefe brasileiro poderia se sentir diminuído ao ser tratado como outro funcionário qualquer. Já no caso da dimensão de risco, não seria interessante buscar ofertar serviços como investimentos de alto risco para japoneses que prezam pela segurança em seus investimentos. Portanto, tais questões culturais devem ser observadas antes de se iniciar um processo de internacionalização.

1.4.4 Perspectivas da internacionalização em casa: advento das tecnologias

De modo geral, a internacionalização demanda conhecer a burocracia e obter informações do cenário exterior. Com o advento das novas tecnologias, isso se tornou possível com apenas alguns cliques. Por exemplo, se o gestor busca conhecer as principais empresas, a Administração Pública, ONGs ou universidades de determinada localidade, basta procurar na internet. Caso precise identificar a documentação e os trâmites legais para começar a atuar (ou se inserir) em um mercado estrangeiro, é possível encontrar, em muitos casos, páginas oficiais do governo, listando todas as informações úteis. Por essa razão, as novas tecnologias da informação revolucionaram e popularizaram as práticas de internacionalização das últimas décadas.

No caso da internacionalização em casa, existem duas compreensões distintas que podem causar certa confusão: a primeira é teórica e diz respeito à preparação da firma ou universidade (internalização), para que o mundo tenha acesso as suas informações, a seus interesses e a suas práticas (Gaalen; Gielesen, 2016); já a segunda se refere aos que trabalham em regime de *home office*, ou seja, alguém que trabalha em casa, com seu computador, e que lida com o âmbito internacional. De qualquer modo, em ambos os casos, a internacionalização em casa envolve o uso de tecnologias para que profissionais, empresas, universidades e outras instituições entrem em contato com agentes externos, havendo redução de custos.

Por esse caminho, é possível pensar em internacionalização sem os grandes custos que a mobilidade internacional implica. Por exemplo, compartilhar pesquisas e resultados via internet e outros aplicativos reduz muito os gastos com reuniões internacionais. A coleta de informações também diminui a necessidade de pagar por empresas terceirizadas que coletem informações sobre as regras e os procedimentos externos. Até mesmo a compreensão do idioma, tomados os devidos cuidados pode ser facilitada pelo uso de *sites* de tradução simultânea e formatação e correção de texto.

Também, pelas plataformas de vídeo e de periódicos científicos, é possível ter acesso a relatos de experiências anteriores de outras empresas, alertando para possíveis erros e acertos.

Atualmente, a tecnologia permite um maior controle sobre filiais e subsidiárias, além de possibilitar o acompanhamento de notícias dos sistemas financeiro, econômico e político mundiais para investimentos e novas parcerias. A negociação, como forma de comunicação, foi facilitada, e a internacionalização, como uma consequência da negociação, hoje colhe esses mesmos frutos positivos. No entanto, é essencial ter cuidado, pois nem tudo que a nova tecnologia proporciona é positivo. É preciso entender que os riscos aumentaram, especialmente em atividades mais impulsivas, e que surgiram novas ameaças às informações das instituições. Programas de espionagem e vazamento de dados, entre outros, podem comprometer as estratégias de inserção internacional junto às concorrentes, por exemplo.

Em casa ou em pequenas iniciativas coletivas, é possível criar aplicativos virtuais de serviços que podem ser implementados em diversos mercados e países. De casa, podemos tanto cuidar de novos negócios como propor soluções para produtos e serviços ao redor do mundo. Dessa forma, não seria apropriado afirmar que a internacionalização é feita apenas por grandes empresas. Como esclareceremos mais adiante, pequenas e médias organizações podem compartilhar custos e optar por estratégias menos custosas – e, sem dúvidas, a tecnologia pode fomentar isso, diminuindo, por exemplo, custos com consultorias e a busca por informações do outro lado do mundo.

Como um dos pilares da globalização, o avanço tecnológico contribui para a diminuição de custos, a agilidade do processo e a facilitação em criar (ou reforçar) *networks* e responder às demandas do mercado com maior consciência sobre as dinâmicas reais. Nessa ótica, incentivar a informatização, a automação e outros investimentos tecnológicos, mesmo que simples, é um caminho necessário para se internacionalizar. É importante verificar se a empresa precisa de um *site* e se sua proposta de internacionalização demandará conteúdo bilíngue – mesmo que atualmente já existam tradutores automáticos de conteúdos escritos, como o Google Tradutor. Também, é válido averiguar se vale a pena criar páginas nas redes sociais, como Facebook, Instagram, LinkedIn e Academia.edu, ou se precisa ter um *site* próprio, dado o tamanho e a responsabilidade da instituição.

Para saber mais

A leitura do artigo indicado a seguir contribuirá para uma melhor compreensão a respeito da internacionalização de instituições brasileiras voltadas à inovação e tecnologia.

FRANCISCHINI, A. S. N.; FURTADO, J.; GARCIA, R. Tecnologia e trajetórias de internacionalização precoce: análise de casos na indústria brasileira. **Gestão da Produção**, São Carlos, v. 22, n. 2, p. 267-279, 2015. Disponível em: <http://www.scielo.br/pdf/gp/v22n2/0104-530X-gp-0104-530X1387-14.pdf>. Acesso em: 12 nov. 2020.

Sobre a aplicação das teorias, recomendamos a leitura do texto tradicional de Carlos Hemais e Adriana Hilal, em que são expostos de forma bem didática, casos brasileiros de internacionalização, além do desenvolvimento das perspectivas de Uppsala até a atual Escola Nórdica.

HILAL, A.; HEMAIS, C. A. O processo de internacionalização na ótica da escola nórdica: evidências empíricas em empresas brasileiras. **Revista de Administração Contemporânea**, Rio de Janeiro, v. 7, n. 1, p. 109-124, jan./mar. 2003. Disponível em: <https://www.scielo.br/pdf/rac/v7n1/v7n1a06.pdf>. Acesso em: 12 nov. 2020.

Para saber mais sobre Geert Hofstede e suas dimensões culturais de forma aplicada, leia o artigo de Santana, Mendes e Mariano, também indicado como leitura complementar.

SANTANA, D. L. de; MENDES, G. A.; MARIANO, A. M. Estudo das dimensões culturais de Hofstede: análise comparativa entre Brasil, Estados Unidos e México. **C@LEA – Revista Cadernos de Aulas do LEA**, Ilhéus, n. 3, p. 1-13, nov. 2014. Disponível em: <http://periodicos.uesc.br/index.php/calea/article/view/2677/1907>. Acesso em: 11 nov. 2020.

Síntese

Ao longo deste capítulo, estudamos os principais conceitos sobre internacionalização, conceito que se refere ao ato de praticar atividades para além do território nacional, tais como comércio exterior, diplomacia, paradiplomacia, cooperação e prestação de serviços virtuais. Contudo, observamos também que a internacionalização requer estratégia e preparo para sua melhor eficácia.

De modo geral, a internacionalização pode ser: ativa, a empresa decide se inserir em mercado externo e define os passos dessa ação; ou receptiva, quando uma parte estrangeira aciona a instituição em questão. No caso da ativa, é necessário a empresa identificar suas vantagens e possibilidades, como os diferenciais de seus produtos e serviços ao mercado estrangeiro, bem como os desafios que enfrentará, a exemplo de custos e recursos necessários de acordo com o tamanho empresarial ou a natureza da instituição (universidade, indústria ou ONG etc.).

A natureza institucional é importante, pois as empresas tendem a competir por espaços de mercado, pouco cooperando umas com as outras – exceto em processos de *joint ventures*. Mesmo organizações revendedoras e representantes podem ser prejudiciais caso deem pouca atenção aos negócios da instituição para valorizar outras empresas parceiras. Já universidades e ONGs tendem a cooperar mais em processos de internacionalização, por meio de redes ao redor do mundo, por exemplo. Essa cooperação acarreta a obtenção de informações e melhora a formulação estratégica de ação e de desenvolvimento das pautas.

Ainda, demonstramos que a internacionalização é um processo vinculado à globalização neste século XXI. Com as revoluções industriais, a liberalização dos mercados e os avanços tecnológicos, o mundo reduziu suas distâncias. Essa aproximação cortou custos, como os envolvidos em reuniões e viagens, e facilitou a coleta de dados sobre mercados, culturas e legislações estrangeiras, graças à internet. Contudo, nesse cenário, criar redes de contatos ainda ajuda muito na decisão sobre onde se internacionalizar.

Além disso, comentamos que a internacionalização conta com diversos aportes teóricos: desde as explicações mercadológicas até as organizacionais e comportamentais. Tendo em vista essa diversidade teórica, não podemos afirmar categoricamente que no mundo globalizado todos atuam da mesma forma ou que a cultura se homogeneizou. Pelo contrário, as dimensões culturais ainda são extremamente relevantes no momento de traçar a estratégia – não só do local e do mercado local estrangeiro, mas também dos funcionários e das flexibilidades necessárias para que o processo de internacionalização prospere.

Esperamos que você desenvolva seu senso crítico sobre as propostas teóricas explicativas da internacionalização de empresas e outras instituições. Olhando mais para o mercado ou para os processos decisórios dos indivíduos, aconselhamos a sempre buscar apoio na experiência de outras instituições, pois muitos casos que as envolvem estão relatados em artigos científicos e periódicos especializados.

Questões para revisão

1. Atualmente, qual é a importância da tecnologia para a internacionalização?
2. Cite os dois enfoques teóricos da internacionalização e explique a principal diferença entre eles.
3. Neste capítulo, explicamos que a internacionalização é uma importante dinâmica na globalização. Dessa forma, assinale a alternativa que apresenta a definição correta de internacionalização:

    a) Prática de exportar produtos e serviços.
    b) Prática de importar produtos e serviços.
    c) Prática de expandir negócios, comércio e cooperação no âmbito internacional.
    d) Domínio de dois ou mais idiomas.
    e) Domínio de ferramentas tecnológicas.

4. Quando se fala em internacionalização, a ideia subjacente é se lançar no cenário internacional com a intenção de buscar oportunidades e ganhos. Contudo, existem duas dinâmicas na hora de se internacionalizar. Assinale a alternativa que lista as duas formas corretas:

   a) Internacionalização ativa e receptiva.
   b) Internacionalização de bens e mercadorias.
   c) Internacionalização de ideias e valores.
   d) Internacionalização histórica e nominal.
   e) Internacionalização primária e secundária.

5. As teorias de internacionalização, tanto as baseadas no mercado quanto as organizacionais, abordam o tema da internalização como parte fundamental no processo de respostas ao cenário externo. Dessa forma, assinale a alternativa que apresenta a melhor definição do conceito de internalização no âmbito da internacionalização:

   a) Internalização é a capacidade interna da firma de se adaptar e se gerir para atender às dinâmicas internacionais.
   b) Internalização é a estratégia de aumento de custos para melhores resultados internacionais.
   c) Internalização é a obrigatoriedade das firmas de respeitar o livre mercado e a competição justa entre elas.
   d) Internalização é a contratação de empresas terceirizadas no cenário internacional.
   e) Internalização é o oposto à internacionalização, ou seja, refere-se ao fechamento da firma para as dinâmicas internacionais.

2

Internacionalização a partir do Brasil: cenário e dimensões de análise

Conteúdos do capítulo

> Contextualização do cenário nacional brasileiro à internacionalização.
> Legislação aduaneira brasileira e incentivos públicos.
> Integração regional do Mercosul.
> Dimensão cultural brasileira na internacionalização.

Após o estudo deste capítulo, você será capaz de:

1. descrever o cenário brasileiro da internacionalização;
2. dominar os processos iniciais da internacionalização pelo comércio;
3. identificar oportunidades e desafios considerando as dimensões política, econômica e cultural brasileiras.

No capítulo anterior, apresentamos as principais percepções teóricas sobre internacionalização. Agora, abordaremos a realidade de pesquisadores e profissionais da internacionalização a partir do Brasil. Com características próprias, nosso país tem um cenário doméstico constituído de fatores políticos, jurídicos, econômicos e culturais que interferem diretamente nas estratégias das instituições para aproveitarem oportunidades do cenário internacional.

Por essa razão, no presente capítulo, trataremos mais especificamente do processo de internacionalização comercial, a partir dos incentivos jurídicos do Brasil, das consequências e oportunidades do processo de integração regional no

Mercado Comum do Sul (Mercosul) e da dimensão cultural brasileira diante das negociações internacionais. Mas vale ressaltar que esse mesmo cenário se adequa à internacionalização das demais instituições para além do comércio internacional.

O caminho mais tradicional da internacionalização é por meio da exportação direta, ou seja, da venda internacional de mercadorias e serviços. O ato de enviar produtos para o mercado internacional não se limita às questões logísticas. Na verdade, envolve lidar também com: a burocracia e nossa legislação brasileira; nossos costumes e valores culturais; o modo como o Estado brasileiro interfere na exportação e na importação. *Drawback*, tarifa externa comum (TEC), nomenclatura comum do Mercosul (NCM), isenções e imunidades de impostos e contribuições serão temas aqui tratados como aspectos que implicam diretamente a elaboração de planos de internacionalização pelo comércio internacional.

2.1 *Por que se internacionalizar no Brasil*

Antes de mais nada, devemos distinguir se internacionalizar *no* Brasil de se internacionalizar *ao* Brasil. Nesta seção, trataremos sobre os desafios e as oportunidades de se internacionalizar como pessoa (física ou jurídica) brasileira ou situada no Brasil.

Um primeiro esclarecimento que temos de fazer é que a internacionalização no Brasil se inicia no processo de internalização, ou seja, na gestão e adaptação da firma/instituição para que esteja apta a dialogar com o mundo externo. Do contrário, estaríamos falando em internacionalização de empresas estrangeiras que buscam atuar no Brasil. Com isso, reforçamos a pergunta: Por que estar no Brasil e se lançar ao mundo?

Uma empresa pode encontrar vários fatores positivos no Brasil, como logística de distribuição para a América do Sul, mão de obra mais barata que em alguns países de moeda forte e salários elevados, e até mesmo fontes mais baratas de recursos de produção e matéria-prima. E por que uma empresa brasileira se internacionalizaria no (do) Brasil para o mundo? A resposta é simples: para ampliar ganhos e contribuir com o desenvolvimento de sua comunidade local. A ampliação de ganhos tem relação direta com os interesses comerciais de uma empresa: lucros. Já o desenvolvimento da comunidade local se vincula ao próprio posicionamento dos governos nacionais que buscam incentivar a exportação e a interdependência comercial entre as nações, com o intuito de promover o desenvolvimento mútuo.

Sobre a internacionalização no Brasil, comentaremos os desafios e as oportunidades com os quais uma empresa tem de lidar para alcançar o mercado internacional. Em busca de ampliar ganhos e lucros, a internacionalização pode seguir diversas estratégias que serão tratadas no próximo capítulo, como cooperativas, franquias, *joint ventures* etc. Segundo Marcos Martins (2015), existem, ao menos, cinco motivos para uma organização brasileira se internacionalizar em um contexto atual de globalização:

1. **Procura de novos mercados:** Esse motivo engloba as instituições que, de forma ativa ou reativa (receptiva), buscam novos mercados e focam principalmente no lado da procura (ou cliente), considerando os seguintes aspectos: aumento do volume de vendas/número de clientes – estratégias de crescimento; saturação do mercado doméstico; mercado doméstico muito pequeno; procura externa pelo produto de uma empresa; expectativas elevadas de crescimento de determinado mercado; informação privilegiada sobre um novo mercado – vantagem do primeiro entrante; acompanhamento dos competidores na entrada em novos mercados, incentivos governamentais – como subsídio da mão de obra ou redução ou eliminação de barreiras ao comércio.

2. **Procura por recursos:** Para se manterem competitivas, as empresas, principalmente as que se dedicam à produção de bens, procuram recursos físicos – matérias-primas (como petróleo, cobre, açúcar ou milho) – ou recursos humanos – trabalhadores sem qualificações ou com níveis médios de qualificações. Isso se dá por causa da escassez ou da inexistência de recursos no mercado doméstico, bem como de recursos com custos mais baixos nos mercados estrangeiros.

3. **Procura de eficiência:** As organizações que procuram eficiência pretendem racionalizar as estruturas já existentes. Frequentemente, são as multinacionais, que, em razão de sua dimensão, diversidade e experiência, buscam se tornar

mais eficientes mediante o processo de internacionalização. "Neste contexto, as empresas podem mudar as suas instalações ou atividades de um país para outro – *offshoring*. Esta realocação acontece geralmente porque no país de destino os recursos ou as atividades, como a produção, se tornam mais competitivas" (Martins, 2015). A busca empreendida pela eficiência pelas organizações presume os seguintes motivos: dotação eficiente de recursos (a disponibilidade e o custo dos recursos são os critérios preponderantes); ganhos provenientes de economias de escala (os gostos e as preferências dos consumidores, bem como a capacidade de abastecimento, são os critérios mais relevantes); diversificação de risco; redução do montante total de impostos pagos (mediante a atuação em diversos países, o peso total dos impostos pode ser mais baixo).

4. **Procura de recursos estratégicos**: Nesse motivo, enquadram-se as empresas que procuram ativos intangíveis – relacionados com tecnologia e com o *core business* (o principal negócio) da empresa. "Exemplos destes ativos intangíveis são marcas, patentes, conhecimentos e competências muito específicas" (Martins, 2015). A busca por recursos estratégicos é engatilhada pelas seguintes razões: manter ou fortalecer a vantagem competitiva; enfraquecer a posição dos concorrentes; apoiar o alcance dos objetivos estratégicos de longo prazo. A obtenção desses recursos estratégicos é feita normalmente por meio da aquisição de ativos ou das empresas que os detêm.

5. **Procura ou retenção de parceiros estratégicos**: De acordo com Martins (2015), "as empresas compreendidas neste motivo procuram expandir a sua atividade internacionalmente recorrendo a parceiros externos. Estes parceiros podem ser clientes, fornecedores, parceiros de negócio, instituições governamentais ou centros de investigação". As organizações procuram ou retêm parceiros estratégicos pelas seguintes razões: acompanhar (como fornecedor) o cliente na entrada em um novo mercado (retendo o mesmo cliente); aceder a canais de distribuição em novos mercados, mediante contratos de fornecimento com parceiros locais; partilhar (ou reduzir) o risco; aumentar a posição negocial, quando da candidatura a concursos públicos ou grandes contratos de fornecimento; ter necessidades de investimento mais baixas, uma vez que são partilhados com o parceiro; incorporar recursos ou competências por meio de uma *joint venture*, para obter vantagem competitiva.

Além desses motivos elencados por Martins (2015), uma das principais razões que levam uma empresa a buscar sua internacionalização é a quebra de dependência do mercado nacional e, ao mesmo tempo, o incremento de suas receitas por meio de moedas de lastro (e de liquidez) mundial como dólar, euro e libra esterlina. É importante destacar que esses motivos seriam apenas alguns dos mais relevantes, pois existem inúmeros outros.

Contudo, quais são os principais desafios da internacionalização partindo do Brasil? Algumas delas recorrentemente comentadas, como: burocracia; taxações e alíquotas; e logística e posição geográfica no Hemisfério Sul do planeta – longe dos grandes centros de consumo (Hemisfério Norte). Já outras, de caráter menos perceptível à maioria da população, seriam: dimensão cultural brasileira e nossos medos e valores; diplomacia comercial brasileira no mundo, que pode favorecer ou prejudicar setores de mercados e relações com mercados externos (países pouco amigáveis a nós); barreiras não tarifárias aos nossos produtos (como quantidade de voltagem e pinos nas tomadas de eletrônicos), entre outras. Por isso, é o momento de tratarmos, ainda que brevemente, das questões legais em nosso país.

2.2 Dimensão jurídica da internacionalização comercial no Brasil

Quando se faz menção à legislação, é comum pensar em leis, números de leis, advogados e todo um universo de códigos e processos jurídicos a que pouco temos acesso durante nossa formação escolar.

"Se eu quisesse saber das leis, faria Direito". Essa frase reproduz muitos dos preconceitos em relação à legislação, e uma maneira de diminuir a distância com relação ao tema é começar a pensar nas leis como padrões de comportamento que diminuem as incertezas em nosso dia a dia. Trataremos aqui da legislação como a base da organização de nossas vidas profissionais, para que as situações sejam conforme o esperado.

De acordo com o senso comum, a legislação seria o conjunto de leis que trata de determinada matéria e a organiza para que a vida em sociedade funcione de forma adequada, desde a esfera do indivíduo, passando pela família, a sociedade, até chegar às esferas da organização pública e privada, como a do comércio e de nosso trabalho. De forma mais simples, a legislação é o conjunto de leis e de condutas que organizam e orientam a ação dos indivíduos sobre diversos temas.

E a legislação aduaneira, o que seria? Nos nossos tempos, *aduana* significa "fronteira comercial da importação e exportação", ou seja, da saída e da entrada de bens e mercadorias. Logo, *aduaneira* diz respeito a tudo o que é relativo à aduana, isto é, ao controle de entrada e saída das fronteiras comerciais.

Agora que clarificamos o que é *legislação* e o que significa *aduaneira*, podemos concluir que a **legislação aduaneira** aborda o conjunto de leis e condutas referentes aos controles de entrada e saída de bens, mercadorias e serviços de um território ou de um bloco de integração regional. Com relação às leis, a legislação aduaneira no Brasil é definida por decretos. Em 5 de fevereiro de 2009, foi promulgado o Decreto n. 6.759 (que absorve o Decreto-Lei n. 37, de 18 de novembro de 1966, e a Lei n. 11.508, de 20 de julho de 2007) definindo, em seu art. 1º, que "A administração das atividades aduaneiras, e a fiscalização, o controle e a tributação das operações de comércio exterior serão exercidos em conformidade com o disposto neste Decreto" (Brasil, 2009).

Não é preciso decorar leis, mas com o intuito de reforçar os seus principais pontos, replicaremos alguns artigos desse decreto, a seguir:

> Art. 2º O território aduaneiro compreende todo o território nacional; [...]
>
> Art. 5º Os portos, aeroportos e pontos de fronteiras serão alfandegados por ato declaratório da autoridade aduaneira competente, para que neles possam, sob controle aduaneiro:
>
> I – estacionar ou transitar veículos procedentes do exterior [...];
>
> II – ser efetuadas operações de carga, descarga, armazenagem ou passagem de mercadorias [...];
>
> III – embarcar, desembarcar ou transitar viajantes procedentes do exterior [...];
>
> [...]
>
> Art. 8º. Somente nos portos, aeroportos e pontos de fronteiras alfandegados poderá efetuar-se a entrada ou a saída de mercadorias procedentes do exterior ou a ele destinadas;
>
> [...]
>
> Art. 15. O exercício da administração aduaneira compreende a fiscalização e o controle sobre o comércio exterior, essenciais à defesa dos interesses fazendários nacionais, em todo o território aduaneiro;
>
> [...]
>
> Art. 26. [...]
>
> § 1º O controle aduaneiro do veículo será exercido desde o seu ingresso no território aduaneiro até a sua efetiva

saída, e será estendido a mercadorias e a outros bens existentes a bordo, inclusive a bagagens de viajantes;

[...]

Art. 31. O transportador deve prestar à Secretaria da Receita Federal do Brasil, na forma e no prazo por ela estabelecidos, as informações sobre as cargas transportadas, bem como sobre a chegada de veículo procedente do exterior ou a ele destinado. (Brasil, 2009).

E assim seguem os demais artigos do Decreto n. 6.759 (Brasil, 2009), informando das responsabilidades do importador/exportador e demais partes envolvidas. Vale ressaltar que esse texto legal especifica questões sobre declaração, veículos, atos fiscais e de interesse nacional que podem ser lidos com maior atenção em documentos disponibilizados pela Casa Civil da Presidência da República do Brasil.

Os três Poderes (Executivo, Legislativo e Judiciário) determinam a legislação aduaneira, mas existem órgãos mais específicos que cuidam de sua execução, como o Ministério da Economia e a Polícia Federal. No caso da Polícia Federal, sua função é controlar contrabandos e outros crimes aduaneiros. Já o Ministério da Economia (antigo Ministério da Fazenda) se faz presente nas aduanas por intermédio da Receita Federal e de seus fiscais. A Receita Federal oferece diversos informativos e ferramentas para o comércio exterior, como os sistemas virtuais Siscomex e Siscoserv, nos quais a importação e a exportação devem ser registradas e seguir os trâmites indicados.

Além da legislação aduaneira, existe a legislação tributária, que também recai sobre a internacionalização comercial (exportação e importação). De forma simplificada, os principais impostos e contribuições que integram a legislação tributária no Brasil são: Imposto de Importação (II) e Imposto de Exportação (IE); Imposto sobre Produtos Industrializados (IPI); Programa de Integração Social (PIS); Contribuição para o Financiamento da Seguridade Social (Cofins); Imposto sobre Circulação de Mercadorias e Prestação de Serviços (ICMS). Em acréscimo, existem as licenças que o governo emite de acordo com a natureza da mercadoria, como licenças da Agência Nacional de Vigilância Sanitária (Anvisa), do Instituto Brasileiro do Meio Ambiente e dos Recursos Naturais Renováveis (Ibama) e das Forças Armadas.

Analisemos o cenário em uma situação simplificada de exportação direta, ou seja, quando uma empresa brasileira pretende vender seus produtos para um mercado estrangeiro. Para a exportação direta, a burocracia brasileira se concentra em três grupos de fontes a serem consultadas: (1) fontes constitucionais; (2) políticas públicas/ministeriais; e (3) políticas de fiscalização especiais.

As fontes constitucionais seriam as normas presentes na Constituição Federal de 1988 e nas constituições estaduais. Fazemos aqui um lembrete a respeito da exportação: cabe à Constituição Federal gerir e orientar, mas as constituições estaduais podem complementar burocraticamente questões de logística e tributações locais a serem contabilizados nos custos totais. Impostos de importação e de exportação, por exemplo, são dados como normas pela Constituição Federal.

As políticas públicas/ministeriais representam as leis complementares e ações dos governos que podem ser consultadas, principalmente, no Ministério de Relações Exteriores (MRE), no Ministério da Indústria, Comércio Exterior e Serviços (MDIC) e na Receita Federal. Nas páginas oficiais desses órgãos, é possível, por exemplo, identificar a TEC, que especifica as alíquotas de pagamento na importação e apresenta a classificação (nome numérico dos produtos) para informes de identificação e preenchimento de documentos.

Já as políticas de fiscalização especiais são definidas pela natureza do produto ou serviço a ser exportado ou importado. Licenças ambientais podem advir do Ibama e de outros órgãos especializados governamentais. Licenças de armamentos, alimentos, animais vivos, patentes etc. precisam ser conferidas nos órgãos federais responsáveis, quase sempre vinculados aos ministérios do governo federal.

Quanto à posição geográfica, o fato de o Brasil estar localizado no Hemisfério Sul aumenta o custo logístico de comércio com os principais centros de consumo do mundo para produtos brasileiros, como China, Estados Unidos e os países da União Europeia, por exemplo, se comparado com o comércio entre essas mesmas nações, que se encontram geograficamente mais próximas. A dimensão cultural confere maior ou menor conforto e segurança para negociar com nações mais próximas ou distantes (distância psíquica, de que tratamos no Capítulo 1), e as questões da diplomacia comercial dependem muito de como o governo brasileiro se relaciona politicamente com outras nações: se o Brasil tem uma má, pouca ou nenhuma relação com uma nação estrangeira, isso pode prejudicar a inserção de uma instituição nesse mercado.

Já analisando o caso da internacionalização por meio da importação (busca, em ambiente externo, de recursos ou produtos para atender ao mercado doméstico), há muitas semelhanças com a exportação, variando mais a alíquota de pagamento dos tributos. Entretanto, na importação existem algumas modalidades que configuram um processo de internacionalização em regimes especiais, como é o caso do regime especial de *drawback*.

Segundo a Receita Federal (Brasil, 2019), o *drawback* é um regime aduaneiro especial, instituído em 1966, que possibilita a suspensão ou eliminação de tributos incidentes sobre insumos importados para a utilização em produto exportado. Logo, se uma organização importa matéria-prima ou peças para construir um produto e este será destinado exclusivamente à exportação, ela se enquadra no regime de *drawback*, recebendo apoio à internacionalização por parte do governo brasileiro. Segundo a Receita Federal (Brasil, 2019), "a importância do benefício [*drawback*] é tanta que na média dos últimos 4 (quatro) anos, correspondeu a 29% de todo benefício fiscal concedido pelo governo federal". Nesse sentido, essa importação recebe incentivo do governo brasileiro.

No caso do *drawback*, o Brasil opta por esse regime especial para incentivar a exportação de produtos com maior valor agregado. Por exemplo, entre exportar borracha e exportar pneus de borracha, o que trará maiores divisas por unidade (dinheiro da venda), sem dúvida, serão os pneus. Mas se a empresa precisa de uma tinta ou de um produto químico que só a Índia fornece, então a solução possível é importar desse país. Contudo, para não pagar impostos ou tê-los reduzidos, a empresa pode apelar para o regime de *drawback*.

Em síntese, a base jurídica brasileira conta com um corpo de leis aduaneiras e tributárias, bem como de regimes, que orientam e organizam as práticas do comércio exterior e, consequentemente, da internacionalização comercial. E isso completa todo o cenário brasileiro? A resposta é não. Há ainda que se comentar os incentivos e as dimensões da integração regional e cultural dos dias atuais.

2.3 Dimensão de incentivos públicos à internacionalização

Diversas nações oferecem incentivos à internacionalização de empresas de seus cidadãos. Os Estados Unidos mantêm o U.S. Commercial Service na Secretaria de Comércio Exterior, a China orienta a cooperação intersetorial em áreas especiais de exportação, e a Alemanha readequou a instituição de crédito Kreditanstalt für Wiederaufbau (KfW), que antes servia à reconstrução alemã após a Segunda Guerra Mundial e que se voltou para lançar crédito às empresas exportadoras.

O Brasil, assim como muitos outros países, também mantém incentivos diretos e indiretos à internacionalização, como representações diplomáticas, permissão da existência de câmaras de comércio de outras nações em seu território e, especialmente, as políticas de crédito e de orientações por auxílio do Banco Nacional de Desenvolvimento Econômico e Social (BNDES), além do Sistema S (conjunto formado por nove entidades ligadas a diferentes categoriais profissionais).

No caso dos Estados Unidos da América, foi criada, em 2010, a National Export Initiative (NEI), ou Iniciativa de Exportações Nacionais, um programa que visa facilitar e estimular a inserção das empresas estadunidenses no mercado internacional. A NEI tem como principais objetivos: aumentar e ampliar a assistência de exportação para pequenas e médias empresas estadunidenses, como na alocação de recursos federais; apoiar missões comerciais internacionais, promovendo marcas e produtos norte-americanos, com ênfase nas parcerias multiníveis, ou seja, entre representantes dos governos estadual, municipal e federal; fortalecer a atuação da defesa comercial internacional por parte do governo federal; em conjunto com o Eximbank (estadunidense), aumentar o acesso ao crédito e ao financiamento para as pequenas e médias empresas que pretendem iniciar atividade exportadora; promover o desenvolvimento econômico das nações amigas, para que estas possam consumir mais produtos estadunidenses. Além desse conjunto de objetivos do governo federal dos Estados Unidos, existe ainda o já citado U.S. Commercial Service, que dá apoio às empresas norte-americanas que buscam fazer análises de mercado externo, estudos de inserção e possíveis parcerias em mercados externos. Dessa forma, os Estados Unidos fazem incentivos diretos à internacionalização.

Já a China, conhecidamente a nação mais populosa do planeta, figura como um dos maiores mercados de consumo mundial. Contudo, mais do que importar, esse país criou medidas de internacionalização por meio de exportações diretas. Entre as principais medidas do governo chinês nos últimos anos, destacam-se: maior controle do câmbio nacional (moeda desvalorizada); investimentos governamentais em áreas-chave (como portos, indústria de tecnologia e têxtil); planejamento e elevação da capacidade competitiva do setor exportador por meio de políticas fiscais, como as zonas especiais de produção e exportação industrial para o mundo; e, evidentemente, sua modernização da infraestrutura para exportação, principalmente dos portos marítimos direcionados à Nova Rota da Seda.

O governo chinês estruturou os sistemas de cooperação intersetorial, pelos quais as empresas passaram a formar *clusters* (aglomerados empresariais) de exportação de produtos com alto valor agregado em setores de produção e em áreas geográficas (zonas econômicas especiais) consideradas estratégicas para a internacionalização. Já as zonas econômicas especiais foram criadas para atrair capital, conhecimento e tecnologia, por meio de maior autonomia concedida às empresas chinesas situadas em tais áreas; o governo oferece menores taxas de impostos e isenção tributária às empresas exportadoras ali alocadas que se comprometem com a excelência na produção de bens exportáveis.

No caso da Alemanha, as medidas tomadas para incentivar uma maior participação de suas empresas no mercado internacional foram: readequação da instituição KfW (instituição financeira nacional), que passou de reconstrutor da nação após a Segunda Guerra Mundial (1939-1945) para grande incentivador com oferta de crédito às empresas nacionais, sendo ela a principal agência de desenvolvimento do governo alemão. O governo ainda passou a estimular a produção de cimento, de equipamentos para plantas de energia eólica e de redes de comunicação; disponibilizou crédito de médio e longo prazos, contribuindo para a elevação da capacidade competitiva das empresas; e participou da integração regional da União Europeia. Dessa forma, a Alemanha criou um ambiente institucional fortemente voltado às exportações e à internacionalização de empresas.

Não muito diferente de Estados Unidos, China e Alemanha, o Brasil mantém estratégias que combinam esses três cenários, mesmo sendo, em alguns casos, mais antigas do que as iniciativas comuns nesses três países citados. O Brasil dispõe de instituições de grande porte, como o BNDES, o Banco do Brasil e a Caixa Econômica Federal (CEF), que permitem materializar políticas de crédito às empresas e aos produtores de diversos tamanhos. O país também conta com áreas especiais, como a Zona Franca de Manaus (Polo Industrial de Manaus), criada em 1957 e que contém mais de 600 empresas com isenção do imposto de importação, permitindo a elas atuar como montadoras usando tecnologia internacional. Essas empresas também têm isenção do imposto de exportação, isenção do IPI e desconto parcial, fornecido pelo governo estadual, no ICMS.

Além disso, o Sistema S é um conjunto de nove instituições de interesse de categorias profissionais, estabelecidas pela Constituição Federal do Brasil, que promovem o desenvolvimento comercial por meio de orientações e apoios às empresas brasileiras. São elas:

> Serviço Nacional de Aprendizagem Rural (Senar);
> Serviço Nacional de Aprendizagem Comercial (Senac);
> Serviço Social do Comércio (Sesc);
> Serviço Nacional de Aprendizagem do Cooperativismo (Sescoop);
> Serviço Nacional de Aprendizagem Industrial (Senai);
> Serviço Social da Indústria (Sesi);
> Serviço Social do Transporte (Sest);
> Serviço Nacional de Aprendizagem do Transporte (Senat);
> Serviço Brasileiro de Apoio às Micro e Pequenas Empresas (Sebrae).

De acordo com a natureza da instituição, é possível encontrar materiais que orientam sobre os procedimentos mais específicos para a internacionalização. Por exemplo, caso se trate de uma microempresa, as orientações podem ser encontradas na página do Sebrae. Contudo, ainda existe o Sistema F (Fierj, Fiesp, Fiep etc.), composto de representantes privados da indústria e que também podem orientar, em cada estado do Brasil, os procedimentos mais vantajosos para a exportação e internacionalização dos negócios da organização.

Temos de mencionar, ainda, os incentivos que o Brasil conquistou com sua participação em negociações multilaterais, como na integração regional com o Mercosul e as parcerias com o Brics (agrupamento formado pelos seguintes países emergentes: Rússia, Brasil, Índia, China e África do Sul). A integração regional elimina barreiras tarifárias intrabloco e facilita muito o processo burocrático para se internacionalizar iniciando-se pelos países vizinhos. Nessa ótica, a Argentina e os demais membros do Mercosul são mercados atrativos e relevantes quando os produtos ou serviços oferecidos pela empresa que pretende se internacionalizar são distintos ou melhores dos que já existem nesses países. O Mercosul é um dos mais importantes blocos de que o Brasil faz parte, justamente por promover uma união aduaneira parcial e a harmonização de alíquotas de importações (TEC) que interfere mais profundamente em nossas estratégias de internacionalização.

Já o Brics e outros acordos bilaterais e multilaterais de comércio e de amizade podem favorecer a internacionalização, por meios diretos (incentivos e financiamentos) ou indiretos, com diminuição de barreiras e criação de instituições orientadoras para aqueles que buscam investir nesses novos mercados.

Por fim, existem diversas políticas pontuais e setoriais de internacionalização, como o StartOut Brasil, novo programa do governo federal, lançado em 2018, que levará, por ano, 60 empresas para participar de semanas de imersão nos mais variados ecossistemas de inovação do mundo. Trata-se de um programa que estima investir até 3 milhões de reais por ano no projeto. Cabe ao gestor, então, identificar quais incentivos seriam os mais favoráveis segundo a natureza de sua empresa, produto ou serviço.

2.4 Cenário regional: Mercosul

Os processos de integração regional não são novidades para o Brasil. O país já passou pela Associação Latino-Americana de Livre Comércio (Alalc), em 1960, e pela Associação Latino-Americana de Integração (Aladi), em 1980. Atualmente, o país integra o Mercosul, que em sua página oficial se define da seguinte forma:

> Com mais de duas décadas de existência, o Mercado Comum do Sul (MERCOSUL) é a mais abrangente iniciativa de integração regional da América Latina, surgida no contexto da redemocratização e reaproximação dos países da região ao final da década de 1980. Os membros fundadores do MERCOSUL são Brasil, Argentina, Paraguai e Uruguai, signatários do Tratado de Assunção de 1991. A Venezuela aderiu ao Bloco em 2012 [...] Todos os demais países sul-americanos estão vinculados ao MERCOSUL como Estados Associados. A Bolívia, por sua vez, tem o 'status' de Estado Associado em processo de adesão. O Tratado de Assunção, instrumento fundacional do MERCOSUL, estabeleceu um modelo de integração profunda, com os objetivos centrais de conformação de um mercado comum – com livre circulação interna de bens, serviços e fatores produtivos – o estabelecimento de uma Tarifa Externa Comum (TEC) no comércio com terceiros países e a adoção de uma política comercial comum (Mercosul, 2020).

Então, o Mercosul é um bloco de integração regional que busca favorecer a complementariedade dos mercados de seus membros, bem como o comércio internacional com outros países e blocos externos, como a União Europeia. Integrando o bloco, o Brasil é adepto da TEC, cujas bases estão na NCM. A TEC diz respeito à alíquota que as relações de importação/exportação precisam pagar por impostos de acordo com o tipo do produto ou serviço. Para saber qual alíquota da TEC pagar, requer-se identificar o nome (o tipo) de produto ou serviço cadastrado na NCM – uma lista com códigos de produtos e serviços com a TEC correspondente, a alíquota (valor) que cada um deverá arrecadar ao governo.

A TEC está atrelada à NCM, criada pelo Mercosul. Aderindo à NCM e à TEC, os Estados-membros do bloco padronizaram quase todos os produtos e serviços, cobrando o mesmo valor de alíquotas em importações. Isso significa que se uma empresa importar uma geladeira pelo Brasil ou pela Argentina, a alíquota de impostos de importação será a mesma. Isso impede que um país possa dar ou ser preferência à importação/exportação de países externos ao Mercosul.

Comumente pensa-se que a integração regional não guarda uma fórmula fechada, haja vista a diversidade de blocos e propostas de integração pelo mundo. Contudo, existe a ideia tradicional e amplamente conhecida do economista húngaro Béla Balassa (1928-1991), promovida ainda nos anos 1960, segundo a qual a integração poderia se iniciar por uma zona de livre comércio, passando para uma união aduaneira, depois alcançando a etapa de um mercado comum e de união econômica, até atingir a união política.

O Mercosul, apesar de se chamar Mercado Comum do Sul, ainda não estaria nessa etapa de mercado comum, mas na segunda fase (união aduaneira) e, ainda, de forma incompleta. Isso significa que, apesar de existir a TEC que padroniza a união aduaneira, existem algumas exceções a serem negociadas para que essa segunda etapa seja plenamente concluída e para que, de fato, haja um mercado comum no Hemisfério Sul.

Ainda que o Mercosul esteja na etapa da união aduaneira imperfeita e a União Europeia se encontre na união política incompleta, já existem muitas vantagens para a internacionalização em nossa realidade regional. Não são tantas quanto na União Europeia, onde, ainda na etapa de mercado comum, possibilitou-se a transferência de lucros e capitais e a abertura de empresas do território europeu que fazia parte do bloco. Isso significa que um francês pode abrir uma empresa, filial ou representante, em Portugal sem maiores transtornos, bem como remessar os lucros adquiridos naquele país para seu banco na França.

Já no Mercosul, para um brasileiro abrir uma empresa na Argentina, ele terá que estudar a legislação argentina e muito provavelmente terá um CNPJ diferente por lá. Além disso, em muitos casos, as remessas de dinheiro em grande valor da Argentina para o Brasil (e de qualquer outro membro do Mercosul) são taxadas como transações internacionais. Mas as conquistas promovidas com o Mercosul à internacionalização, por meio do comércio, advêm da não taxação de produtos e serviços ou de sua minimização em relação aos concorrentes externos ao bloco. Isso favorece empresas brasileiras a terem maiores vantagens de custos ao se inserirem nos mercados da região.

Além disso, a proximidade logística e de gestão regional é um fator que favorece muito a empresa inciar seu processo de internacionalização para o Mercosul e, posteriormente, para o resto do mundo. Salvo em casos de produtos semelhantes aos que já existem na região, é possível buscar demandas reprimidas nas nações vizinhas, bem como contar com o apoio de instituições de orientação do próprio Mercosul.

Existem grupos e subgrupos de trabalho no bloco sul-americano que com frequência se reúnem para debater temas e apontar possibilidades, além de produzir estudos e documentos que podem favorecer a pesquisa para a região. Ainda, vale a pena conferir os trabalhos das câmaras de comércio brasileiras com os argentinos, uruguaios, paraguaios, bolivianos, venezuelanos e outros.

De forma a sintetizar como o Mercosul interfere no cenário brasileiro à internacionalização, podemos mencionar os seguintes avanços na integração regional:

> - aprovação do Protocolo de Cooperação e Facilitação de Investimentos (2017), que amplia a segurança jurídica e aprimora o ambiente para atração de novos investimentos na região;
> - conclusão do acordo do Protocolo de Contratações Públicas do Mercosul (2017), que cria oportunidades de negócios para as empresas nacionais, amplia o universo de fornecedores dos órgãos públicos brasileiros e reduz custos para o governo;
> - encaminhamento positivo da grande maioria dos entraves ao comércio intrabloco;
> - modernização no tratamento dos regulamentos técnicos;
> - apresentação dos projetos brasileiros para Iniciativas Facilitadoras de Comércio e Protocolo de Coerência Regulatória;
> - tratamento do tema de proteção mútua de indicações geográficas entre Estados Partes do Mercosul;

› aprovação do Acordo do Mercosul sobre Direito Aplicável em Matéria de Contratos Internacionais de Consumo (2017), que estabelece critérios para definir o direito aplicável a litígios dos consumidores em suas relações de consumo (Mercosul, 2020).

Conforme declara o órgão:

> Ainda há muitos avanços necessários para consolidar o Mercado Comum previsto no Tratado de Assunção, em todos os seus aspectos: a livre circulação de bens, serviços e outros fatores produtivos, incluindo a livre circulação de pessoas; a plena vigência da TEC e de uma política comercial comum; a coordenação de políticas macroeconômicas e setoriais; e a convergência das legislações nacionais dos Estados Partes. [...]
>
> O Brasil seguirá trabalhando para que o MERCOSUL dê continuidade à concretização de uma agenda pragmática, tendo sempre em mente os interesses dos cidadãos e empresas do bloco no fortalecimento da integração econômica e comercial, da democracia e da plena observância dos direitos humanos. (Mercosul, 2020)

Como podemos perceber, o Mercosul ainda se encontra em processo de negociação e avanços para uma união aduaneira perfeita, mas algumas conquistas, como o livre mercado e as NCM e TEC, já foram alcançadas. A distância psíquica atinente à dimensão cultural, bem como os custos logísticos e de gestão também são baixos nesse bloco regional. Entretanto, é preciso ter cuidado, pois nem sempre os produtos e serviços da instituição que se propõe a se internacionalizar terão competitividade caso os mesmos mercados vizinhos sejam concorrentes.

2.5 Dimensão cultural brasileira na negociação internacional

Diante do cenário brasileiro de internacionalização por meio do comércio exterior, precisamos pensar sobre a dimensão cultural em que estão inseridas as instituições nacionais. Antes de mais nada, embora todas sejam brasileira, a depender da região do país variam os valores e as disposições culturais e de comportamento. As diferenças, contudo, são mais perceptíveis entre os próprios brasileiros. Para os estrangeiros, as diferenças regionais não são tão significativas. E por que é relevante compreender essa dimensão? Pelas possibilidades e oportunidades que as tradições podem abrir no mercado internacional.

Produtos que são populares – e até simplórios – em dada região podem ganhar muito destaque internacional, como foi o caso do açaí, do doce de leite e do pão de queijo. Além dos itens alimentares, as produções artística e artesanal, bem como a moda e o turismo podem ser motores à internacionalização dos negócios. É interessante o gestor explorar sua região, a fim de identificar possibilidades em algo que parece simples e corriqueiro, mas que não existe em outros lugares do mundo – ao menos, não do jeito que culturalmente o brasileiro vivencia, faz e compreende.

Já em um nível mais internacional, podemos nos identificar como sul-americanos, embora nossa cultura possa ser diferente da manifesta por um argentino. Todavia, para um estadunidense ou europeu, brasileiros e argentinos ou paraguaios seriam muito semelhantes no que se refere ao aspecto cultural. Há quem não consiga nem diferenciar um mexicano de um brasileiro, compreendendo todos como latino-americanos. Isso conduz dois pontos: (1) seguindo preceitos construtivistas, a identidade de um indivíduo é sempre dada pelo outro, ou seja, de acordo com a forma pela qual o outro o reconhece; (2) apesar de parecermos diferentes, os caminhos mais fáceis de internacionalização apontam para nossos vizinhos ou semelhantes (argentinos, uruguaios, portugueses, angolanos etc.). Esse segundo ponto não se dá apenas no que se refere à língua, mas também à burocracia e a como enxergamos as práticas de negócios e de comércio. Dessa forma, o ato de comercializar também é cultural e, por isso, é imperioso buscar como o estrangeiro nos vê.

Considerando uma negociação internacional, segundo Sobral, Carvalhal e Almeida (2012, p. 84), a dimensão cultural do brasileiro resulta em um cenário bem próprio:

> Para muitas organizações, as negociações internacionais são cada vez mais a norma e não uma exceção que ocorre esporadicamente. Com a globalização, a compreensão de como a cultura afeta as negociações entre parceiros de diferentes regiões é fundamental para negociar eficazmente. A cultura influencia profundamente como as pessoas pensam, comunicam e se comportam. Negociações interculturais bem-sucedidas requerem um entendimento do estilo negocial da outra parte, bem como a aceitação e respeito pelas suas crenças e normas culturais. [...] O estilo

brasileiro de negociação é descrito com base em sete dimensões culturalmente sensíveis: a natureza da atividade negocial; o papel do indivíduo; a incerteza e o tempo; a comunicação; a confiança; o protocolo e os resultados.

Os mesmos autores assim definem o perfil cultural do brasileiro nos negócios:

> É importante destacar, de um lado, a orientação do brasileiro para os relacionamentos, e de outro, a baixa assertividade como atitude típica, e, nesse plano, a maneira como trata o «não» sem necessariamente ter de dizer «não». Ameniza momentos mais agressivos e contemporiza maneiras afirmativas de abordar aspectos polêmicos, especialmente entre iguais, quando barganhar é preciso. A barganha posicional assume conotações relacionais, nas quais hierarquia, individualidade e igualdade muitas vezes se confundem e requerem um certo «jeito» de acomodar as contradições. Esse «jeitinho brasileiro» [...] é, portanto, um elemento especial da identidade social brasileira. É uma forma peculiar de agir que caracteriza um «estilo» de lidar com as regras, tornando-as flexíveis, escolhendo atalhos ou caminhos alternativos para passar ao largo dos seus aspectos mais rígidos, evitando choques e constrangimentos. O improviso típico do brasileiro é uma ação que requer «jogo de cintura» e criatividade, práticas valorizadas que, muitas vezes, inibem o exercício do planejamento, que é de fundamental importância nas negociações (Sobral; Carvalhal; Almeida, 2012, p. 93).

Essa perspectiva, assinalada pelos autores por meio de entrevistas, é percebida por muitos estrangeiros. O brasileiro tende a ser menos impositivo, competitivo e mais cooperativo, contudo, tem dificuldades de entender "sim" e "não" e de seguir regras e planejamentos e prazos. Na internacionalização, porém, como comentamos, é imprescindível criar planos e segui-los, pois muitas variáveis estão em jogo.

Outro ponto importante relacionado a essas características diz respeito ao planejamento de contratos e à atuação no mercado externo, entendendo que o público-alvo tem uma cultura diferente e, consequentemente, valores e hábitos distintos. Como comentamos, a internacionalização também requer estratégias de readequação de produtos e serviços às dimensões culturais em que a organização atuará.

Ainda sobre essa perspectiva, Valéria Borges da Silveira (2015) descreve o brasileiro e seu perfil cultural. Ela aponta os principais desafios em nossa formação, em especial a fragilidade do ensino de habilidades multiculturais no país. Além disso, refere-se ao comportamento do brasileiro, citando ações como não saber "dizer não", o otimismo na hora de negociar resultados futuros e, ainda, o desconhecimento das leis e burocracias brasileiras, o que pode prejudicar a internacionalização.

Diante dessas percepções sobre o brasileiro – ou seja, sobre o gestor e sua empresa –, é importante não cometer os mesmos erros habituais, como colocar a culpa em governos ou terceiros – pois muitos estrangeiros entendem isso como incompetência de gestão diante das normas vigentes.

Também é necessário evitar o erro de se desestabilizar emocionalmente (alegria demais, raiva ou, até mesmo, melancolia) diante do desembaraço da negociação. Compreender a si, seu produto ou serviço e o público-alvo estrangeiro é fundamental para um bom planejamento da internacionalização por comércio exterior.

Para saber mais

Neste capítulo, apresentamos que o comércio internacional favorece muito o processo de internacionalização e, em muitos casos, está associado a ele. Para compreender melhor o processo de internacionalização por comércio exterior, sugerimos ler os artigos indicados a seguir, os quais tratam dos reflexos e das interferências do Mercosul no comércio exterior e, consequentemente, na internacionalização de produtos e serviços brasileiros.

FIGUEIREDO, E.; LOURES, A. O efeito do Mercosul sobre a comercialização de novos produtos. **Revista Brasileira de Economia**, Rio de Janeiro, v. 70, n. 3, p. 305-314, jul./set. 2016. Disponível em: <http://www.scielo.br/scielo.php?script=sci_arttext&pid=S0034-71402016000300305>. Acesso em: 13 nov. 2020.

KEGEL, P. L.; AMAL, M. Perspectivas das negociações entre o Mercosul e a União Europeia em um contexto de paralisia do sistema multilateral e da nova geografia econômica global. **Revista de Economia Política**, v. 33, n. 2, p. 341-359, abr./jun. 2013. Disponível em: <https://www.scielo.br/pdf/rep/v33n2/a09v33n2.pdf>. Acesso em: 13 nov. 2020.

Síntese

Neste capítulo, discutimos que a internacionalização pode se dar por meio do comércio exterior e, ainda que não contemple apenas o comércio, ela está muito próxima desse campo. Tanto isso é verdadeiro que é possível identificar as diversas políticas nacionais de países como Estados Unidos, Alemanha, China e Brasil para fomentar as exportações de suas empresas. Também, como consequência da ação dos governos, observamos os reflexos dos processos de integração regional, como o Mercosul, na balança comercial e nas facilidades em nossa região.

A dimensão cultural, especialmente na hora de negociar com agentes estrangeiros, também é fundamental, principalmente considerando a dificuldade de dominar a burocracia brasileira. Saber o básico das legislações aduaneira e tributária já será um grande diferencial no momento de promover a internacionalização a partir do Brasil para o mundo. Dessa forma, indicamos alguns caminhos de orientação e auxílio à internacionalização por meio do comércio internacional, da exportação direta e de um dos regimes especiais de importação, o *drawback*.

Expandindo nossa abordagem sobre internacionalização de mercados, apresentaremos no próximo capítulo alguns exemplos das estratégias seguidas por pequenas, médias e grandes empresas.

Questões para revisão

1. O cenário brasileiro apresenta características próprias que oferecem oportunidades e desafios à internacionalização via comércio exterior. Cite ao menos um desafio e justifique sua resposta.
2. Explique o que é *drawback* e por que a importação nesse regime especial poderia ser positiva para o Brasil.
3. Assinale a alternativa que apresenta a melhor definição de legislação aduaneira:

    a) Conjunto de leis que, entre outras questões, define os trâmites de entrada e saída de bens e mercadorias do território nacional.
    b) Conjunto de práticas governamentais sobre as fronteiras do Mercosul.
    c) Conjunto de práticas não governamentais sobre as fronteiras do Mercosul.
    d) Processo de união aduaneira da integração regional, da qual o Brasil é praticante por ser membro do Mercosul.
    e) Conjunto de códigos penais sobre infrações militares nas fronteiras nacionais, especialmente vinculadas à defesa do território nacional.

4. Assinale a alternativa que apresenta a melhor definição de legislação tributária:

    a) Legislação referente aos tribunais comerciais que fiscalizam as importações e exportações do Brasil.
    b) Legislação referente aos tribunais aduaneiros que fiscalizam as importações e exportações do Brasil.

c) Legislação referente aos tributos a serem pagos ao Estado nas atividades econômicas no país.

d) Legislação referente aos tributos a serem sonegados ao Estado nas atividades econômicas.

e) Outro nome popular da legislação aduaneira ou, simplesmente, Constituição Federal de 1978.

5. Assinale a alternativa que cita uma dificuldade à internacionalização por exportação no cenário brasileiro:

a) Produto Interno Bruto.
b) Burocracia.
c) União Europeia.
d) Produto *per capita*.
e) Sistema financeiro internacional.

3
Estratégias de internacionalização de pequenas, médias e grandes empresas

Conteúdos do capítulo

> Empreendedorismo e capacidade de assumir riscos.
> Internacionalização de pequenos, médios e grandes produtores.
> Estratégias de internacionalização por meio de cooperativas, exportação, franquia, licenciamento, *joint venture* e terceirização.

Após o estudo deste capítulo, você será capaz de:

1. detectar os riscos da internacionalização;
2. escolher a melhor estratégia de internacionalização comercial;
3. identificar desafios e oportunidades nos processos de internacionalização.

Dando sequência à abordagem iniciada no capítulo anterior, manteremos o foco no âmbito comercial, mas agora abordaremos questões mais concretas sobre as estratégias de internacionalização de pequenas, médias e grandes empresas. É importante saber que existem diferenças entre elas, especialmente na hora de planejar custos e estratégias mais eficazes de se inserir em novas nações ou de atrair investimentos e cooperações internacionais.

Quase sempre as pessoas associam internacionalização de empresas com comércio exterior, ou seja, importação e exportação. Em certa medida, essa associação está correta, mas não é completa. A internacionalização de empresas precisa contemplar outras questões, como decisões sobre abertura de filiais, vínculos com subsidiárias, venda de franquias, marcas e muitas outras estratégias de inserção. A simples compra e venda de mercadorias e serviços é apenas uma parte do processo de internacionalização.

A internacionalização, portanto, é um processo do planejamento estratégico que compreende várias etapas por parte da empresa que busca sua inserção no mercado externo, tais como: mapeamento empresarial; pesquisa comercial internacional; adequação e alterações na produção; prospecção internacional; logística aduaneira e logística internacional.

A exportação e a importação compreendem os processos operacionais que são consequência do processo de internacionalização das empresas. Até o presente momento, explicamos que exportar e importar são caminhos de internacionalização. Entretanto, é preciso compreender que, para ter autonomia nas dinâmicas de importação e exportação, muitas vezes é preciso que a empresa se reestruture ou crie um plano de ação internacional, o qual pode ser diferente de acordo com a natureza do mercado em questão e, sobretudo, com o tipo e o tamanho da empresa. Contudo, antes de classificarmos as empresas e suas estratégias, devemos tratar de um ponto muito importante na internacionalização: o empreendedorismo e os riscos a ele associados. Nesse sentido, a seguir apresentaremos algumas considerações sobre empreendedorismo e riscos.

3.1 Empreendedorismo e a capacidade de assumir riscos

O termo *empreendedorismo* é tratado por muitos dicionários e pela cultura popular como uma qualidade ou um caráter do que é empreendedor. Seria, portanto, a virtude vinculada à atitude de quem realiza ações ou idealiza novos métodos e procedimentos a fim de desenvolver e dinamizar serviços, produtos ou quaisquer outras atividades, de ordem pessoal ou institucional. Por muito tempo, os empreendedores foram os grandes aventureiros do passado: navegantes, descobridores, pesquisadores e mecenas. Atualmente, podemos associar o empreendedor (aquele que pratica o empreendedorismo) a mulheres e homens de negócios que abrem mercados, inovam em produtos e serviços e inauguram um leque de possibilidades em suas vidas profissionais e instituições.

É possível ser empreendedor em diversos campos, mas aqui nos concentraremos no empreendedorismo de mercado, isto é, no profissional que inova e acrescenta à sua instituição e ao nicho de mercado. Hoje em dia, o empreendedorismo constitui um valor fundamental para profissões que lidam com o mercado. Inovar é sempre preciso para que o produto ou serviço oferecido não se torne obsoleto ou menos competitivo em relação aos demais. Setores de alta inovação e empreendedorismo predominam atualmente nos serviços digitais, em empresas que produzem aplicativos e no entretenimento. Aqui, todavia, fazemos um alerta: empreender não significa apenas inovar sempre (não é uma competição de originalidades que desgasta o profissional); é também estar preparado para aproveitar as oportunidades que se apresentam.

Contudo, nem sempre as oportunidades são apresentadas de forma simplificada, ou seja, por convites e investimentos garantidos. Em muitos casos, o empreendedorismo ocorre em cenários incertos de investimentos. Quando se trata de cenários internacionais, a escolha por empreender e arriscar pode ter uma dimensão muito mais complexa em relação ao cenário doméstico/nacional. Para nos auxiliar na elaboração de nosso raciocínio, vamos recorrer aos principais conceitos de Yákara Vasconcelos Pereira Leite e Walter Fernando Araújo de Moraes (2014) em seus estudos sobre as facetas do risco no empreendedorismo internacional.

Em seu artigo, Leite e Moraes (2014) analisam as facetas do risco enfrentado pelo empreendedor no processo de internacionalização a partir do estudo de múltiplos casos agrícolas no nordeste brasileiro (Ceará, Rio Grande do Norte, Pernambuco e Bahia). Os autores concluíram que algumas facetas de risco emergiram: dos dados comercial e de negociação (câmbio); e da natureza do produto (produção agrícola e situação climática). Ambas as variáveis interfeririam nas estratégias de internacionalização por serem mensuradas, mas não necessariamente controladas.

Ao se internacionalizarem, os produtores de frutas e de outros produtos agrícolas no nordeste brasileiro precisaram lidar com os riscos de comercializar com trocas de moedas (câmbio), pois a valorização ou desvalorização da nossa moeda frente à moeda de transação (dólar americano) poderia colocar em risco o lucro, aumentar os custos e diminuir a competitividade. No entanto, na ótica do empreendedor, esse risco valeria a pena se a venda ocorresse quando a moeda estrangeira estivesse valorizada – aumentando os lucros na conversão para a moeda nacional (Real brasileiro).

Na pesquisa dos autores (Leite; Moraes, 2014), percebe-se que, na dimensão comercial, o câmbio se apresenta como o desafio mais arriscado, ao passo que as condições climáticas caracterizam a produção agrícola que influencia o processo de internacionalização por características da empresa e do produto. Dessa forma, "a dimensão comercial e negociação decorre da internacionalização e da atividade do segmento econômico, enquanto a produção agrícola possui idiossincrasias do agronegócio" (Leite; Moraes, 2014, p. 97).

Nesse sentido, o que sugerem os autores sobre os riscos de empreender no mercado internacional? Primeiramente, que é necessário conhecer os riscos financeiros e de negociações internacionais e, evidentemente, os riscos originários da natureza do produto ou serviço a ser oferecido externamente e seu nicho de mercado internacional (de produção, venda e estratégias de inserção em mercados externos). Já comentamos alguns outros desafios, como a distância psíquica e a dimensão cultural no processo de negociação e na estratégia de internacionalização dentro do contexto teórico, mas o cenário do mercado internacional exige maior cautela.

Risco equivale à possibilidade de perdas resultante de flutuações de mercado, ou seja, fatores como taxa de juros, preços (ações, *commodities*) e variação cambial na hora de se internacionalizar e se comprometer internacionalmente com o mercado. Para facilitar a compreensão, é possível destacar os seguintes riscos no mercado exterior:

> **Risco Operacional**: é muito comum com operações externas uma vez que o investidor fica suscetível a falhas nos mais diversos sistemas de pagamentos. Uma simples indisponibilidade nos serviços de internet, corretora de câmbio ou mesmo banco pode acarretar perdas;

> **Risco Legal**: [...] está relacionado a confiabilidade jurídica de um país, ou seja, o quanto a legislação deste é confiável;

> **Riscos Sistêmicos**: assim como todos os investimentos, o investimento externo também é suscetível aos riscos sistêmicos. Os riscos sistêmicos são aqueles que afetam a economia como um todo e não podem ser controlados. O maior exemplo de um risco sistêmico é uma grande crise econômica mundial, como as crises de 1929 e de 2008. Este é um risco do qual o investidor não tem controle;

> **Riscos Não-Sistêmicos**: são divididos em diversas outras pequenas categorias [...]:

> **Risco de Mercado**: este é o risco da volatilidade. Este tipo de risco é muito comum no mercado de renda variável onde os preços sofrem constante oscilação. Lembre-se que o risco de mercado também está presente na renda fixa. Quando ocorre uma alteração na taxa básica de juros da economia (SELIC) ocorre uma grande volatilidade no preço dos títulos públicos;

> **Risco de Crédito**: Este é o famoso **calote**. É o risco implícito na quebra da instituição financeira que emite os títulos. Este tipo de risco não está presente somente em investimentos

bancários como o exemplo do CDB. Um investimento com alto risco de crédito por exemplo, são as debêntures;

> **Risco de Liquidez:** [...] este termo se refere à facilidade ou não, de transformar um investimento em moeda corrente. Este tipo de risco é muito comum em ativos de altos valores unitários como por exemplo os imóveis. Muitas vezes para vender um imóvel em um curto período de tempo é necessário um grande desconto. (Stumpf, 2016, grifo do original)

Ainda segundo Stumpf (2016), há uma infinidade de riscos, mas no Brasil muito se fala sobre os riscos jurídico e fiscal, os quais se relacionam com o fato de um decreto governamental poder alterar a legislação sobre determinado investimento, acarretando prejuízo aos investidores, tanto estrangeiros quanto nacionais, que buscam atuar no mercado externo. Já os riscos que envolvem a natureza do produto devem ser identificados em associação com os índices gerais de produção e serviços, como na relação entre clima e produtos agrícolas, *softwares* e sistemas de dados digitais etc. Lidando com riscos inerentes ao produto ou serviço ou riscos culturais, de conhecimento ou de mercado, como os fiscais e sistêmicos (crises mundiais etc.), o empreendedor não pode perder a capacidade de julgar os possíveis resultados, sem, contudo, perder oportunidades no âmbito internacional.

Há de se fazer as melhores escolhas baseando-se no bom senso, pois assumir riscos demanda uma avaliação pessoal e dos gestores da instituição. Isso porque quanto maior for o número de informações, melhor será a compreensão dos possíveis resultados. Portanto, agora que expusemos os principais riscos que cercam o empreendedorismo internacional, podemos avançar para a situação específica das pequenas, médias e grandes empresas que buscam se internacionalizar. As próximas três seções da presente obra tratarão desse tema.

3.2 Internacionalização de pequeno negócio: estratégia de representantes comerciais e cooperativas

Sabemos das dificuldades que os pequenos produtores e comerciantes enfrentam para estabelecer e firmar suas instituições no mercado doméstico. Contudo, o que muitos podem ignorar são as oportunidades que o cenário externo tem a oferecer a esse grande setor que movimenta a economia brasileira. De fato, ao pequeno empresário, os custos de cuidar sozinho da burocracia de exportação ou de abrir filiais externas podem dificultar sua internacionalização. Nesse contexto, terceirizar ou compartilhar custos entre outros empresários do segmento pode facilitar muito a inserção em mercados internacionais.

A exportação é o caminho mais comum à internacionalização do pequeno empresário brasileiro. Mas como encontrar mercados externos? De que forma custear a burocracia e contratar especialistas de internacionalização e comércio internacional? Usualmente, caso o empresário tenha condições de contratar representantes comerciais (no Brasil ou no exterior), essas instituições se responsabilizam por praticamente todo o trâmite, desde a documentação até a logística – mas o custo pode ser elevado ao final e não ser eficaz em competitividade.

No entanto, existe um meio da representação comercial que é importante: o revendedor internacional.

A escolha de uma empresa atuante no mesmo segmento econômico para ser representante no exterior (nos países escolhidos) é uma prática no mercado internacional que reflete de forma assertiva a melhor relação custo-benefício, pois não há custos fixos que seriam pagos pela empresa brasileira, e sim custos variáveis atrelados aos custos de comissões sobre as vendas efetuadas pelo representante no exterior.

Nesse primeiro momento, não consideraremos os custos iniciais – ainda explicaremos como saná-los com o compartilhamento de custos, atentando à figura do revendedor como representante comercial em mercados estrangeiros. Para evitar os custos de abrir uma filial em outro país, tendo os custos de adequação legal e burocrática, trabalhista e outros gastos, pode-se facilmente encontrar um revendedor ou distribuidor que trabalha com o mesmo segmento de mercado. O representante comercial disponibilizará a mercadoria ou tornará acessível o serviço para o mercado externo no qual já está inserido, com custos muito menores que os de filiais próprias de sua empresa. Por exemplo, uma empresa pode exportar sabonetes artesanais veganos de sementes típicas brasileiras para o Japão sem ter que abrir uma loja ou uma fábrica física nesse país. Basta encontrar um revendedor que já esteja no mercado japonês e nesse segmento de cosméticos ou de produtos veganos ou, até mesmo, de produtos típicos do Brasil.

O cuidado a ser tomado é verificar se o revendedor não está saturado, ou seja, já tem uma grande cartela de representações. Assim, retomando o exemplo anterior, os sabonetes ofertados pela empresa nacional seriam mais um produto que poderia não receber o destaque necessário em meio a tantos outros. É importante saber que revendedores de pequeno e médio portes são mais adequados, pois, apesar de baixa penetração no mercado, podem enfatizar mais seu produto ou serviço. Por isso, antes de escolher o revendedor, é importante que o gestor busque conhecer as modalidades de venda que ele exerce e, se possível, ver a cartela de clientes e de áreas de ação (público-alvo) dele.

Sobre identificar o público-alvo e avaliar o mercado externo, as pequenas empresas seguem um planejamento similar ao das médias e grandes organizações. Sob essa ótica, a partir do momento em que o profissional da internacionalização conhece o produto a ser exportado, poderá definir quem o consumirá e por quanto. Também terá condições de analisar a concorrência e as melhores rotas de logística e seus modais. Tudo isso, porém, tem custo e deve ser feito por profissionais. Então, como solucionar essa questão para que não caia a competitividade por custo de produção e revenda? O caminho mais comum é o compartilhamento de custos, ou seja, quando nos unimos a outros produtores do mesmo segmento (mesmo que possam parecer competidores no mercado doméstico).

Um primeiro compartilhamento de custos seria em produção complementar, isto é, na cadeia de produção. O pequeno empresário que produz as sementes, mais o que produz os sabonetes e o que produz os materiais para a embalagem podem se reunir e compartilhar os custos e parte dos lucros na venda internacional. Um segundo compartilhamento poderia ocorrer por empresários que produzem o mesmo produto ou serviço. Nesse caso, é possível suspender a competitividade doméstica para ganhar mercado externo conjunto. É aqui que entra, para o pequeno produtor, a ideia de **cooperativa de exportação**.

Segundo Souza et al. (2017, p. 192):

> A internacionalização figura como uma alternativa para que as organizações se mantenham competitivas no mercado em que atuam, uma vez que os mercados estão se tornando globais. O cooperativismo, por exemplo, acompanha esse movimento por meio de estratégias para manter-se competitivo em intrincados sistemas de produção protagonizados por empresas de alcance global.

Esses autores identificam na cooperativa uma estratégia de diminuir custos e facilitar o manejo burocrático para a exportação de produtores brasileiros. Para a International Co-operative Alliance, cooperativa seria uma associação autônoma de pessoas unidas voluntariamente, constituída para satisfazer às necessidades econômicas, sociais e culturais comuns e às aspirações por meio de uma empresa de propriedade comum gerida de maneira democrática (Souza et al., 2017).

A Organização das Cooperativas Brasileiras (OCB) define o cooperativismo como um "sistema que visa ao benefício do grupo e busca a prosperidade conjunta e não individual, buscando o desempenho econômico, mas não o lucro" (Souza et al., 2017, p. 198). Isso faz do movimento cooperativista uma alternativa socioeconômica que propicia resultados organizacionais satisfatórios com equilíbrio e justiça entre os associados. Diante dessa definição, o cooperativismo é uma forma de organização empresarial mais sustentável.

Dessa maneira, a adoção ao cooperativismo pode possibilitar o desenvolvimento mais equilibrado e pautado em valores mais nobres e comuns (Bialoskorski Neto, citado por Souza et al., 2017).

O fato é que todas as empresas enfrentam barreiras à exportação nas diversas fases da internacionalização, cabe a cada gestão traçar estratégias e alternativas de enfrentamento, de acordo com o perfil de cada organização de modo a transpô-las. No caso das cooperativas, a gestão é bastante singular e com alguns mecanismos diferenciados às demais organizações empresariais. [...]

A exportação direta figura-se nos estágios iniciais do processo de entrada em mercados internacionais e pode ser definida pelo envolvimento ativo da organização nas atividades de exportação. Normalmente ocorre por meio de um agente, que pode ser uma empresa ou uma pessoa física, responsável pela prospecção dos produtos e abertura de novos mercados ou por um departamento da empresa responsável pela atividade de exportação [...]. Nas organizações cooperativistas em estudo, esse é o modelo de internacionalização vigente.

Um modelo mundialmente conhecido para o desenvolvimento de estratégias competitivas e mobilização de capacidades para a internacionalização é a da *Mondragon Cooperative Coorporation*, uma cooperativa espanhola. Nesse caso, uma das capacidades mobilizadas foi a intercooperação, pois, permitiu escala, complementação de competências, acesso a novos mercados, desenvolvimento de novos produtos, compartilhamento de modelos de gestão, unificação de compromissos e culturas, dentre outros. (Souza et al., 2017, p. 197-199)

Nessa perspectiva, além de diminuir custos, a cooperativa, segundo os autores, ainda demonstra a dinâmica de intercooperação, ou seja, a cooperação entre cooperativas que favorecem nichos maiores de um mesmo segmento de produção para o mercado externo, como ocorre entre cooperativas na Argentina e no Brasil. Em nossa região, tanto a cidade de Sunchales, na Argentina, como a de Nova Petrópolis, no Brasil, são as respectivas capitais nacionais do cooperativismo, solucionando a internacionalização de suas economias junto aos produtores e prestadores de serviços. Criando cooperativas financeiras, de serviços e de exportação agrícola, os trabalhadores em ambas as cidades superaram muitos desafios relacionados aos custos de internacionalização do pequeno negócio.

3.3 Internacionalização de médio negócio: estratégias de franquias e terceirização

Se uma empresa tem um porte médio diante dos mercados nacional e internacional, uma possibilidade, além das revendas e cooperativas, são as franquias e a terceirização. No caso da franquia, é possível que um pequeno empresário utilize essa estratégia para o mercado externo. A internacionalização nessa estratégia de franquias parte para a ação em rede de contatos, e o Serviço Brasileiro de Apoio às Micro e Pequenas Empresas (Sebrae) possui uma cartilha (guia) para a internacionalização de franquias. Contudo, o risco do empreendedorismo seria muito elevado, visto que franquias demandam uma rede de franqueados confiantes na marca, no produto ou no serviço. É por isso que dedicaremos esta seção ao tratamento das estratégias de terceirização e de franquia.

A terceirização como estratégia já foi mencionada na seção anterior, quando ressaltamos seus custos. Contratar outra instituição para cuidar dos trâmites da internacionalização só faz sentido se a empresa conta com um aporte financeiro capaz de manter o custo final dos produtos ou serviços ainda competitivos no mercado externo. Por vezes, é possível criar um departamento dentro da empresa para cuidar do internacional e coordenar a ação da(s) terceirizada(s), desde o aporte legal e burocrático, passando pela logística (que pode ser terceirizada) até a revendedora no país externo. Nesse sentido, não há mistério; basta ter controle sobre a confiança e os serviços prestados pela(s) empresa(s) a ser(em) contratada(s).

Já as franquias (ou *franchising*) representam "a cessão do direito de uso de uma marca associada a um negócio de sucesso e transferência de know-how comercial, além de suporte de gestão à distância" (Sebrae, 2020, p. 2). Também pode ser considerada "o tipo de parceria que gera sinergias entre as partes, objetivando o sucesso, crescimento e controle do negócio" (Sebrae, 2020, p. 2).

No caso da estratégia de franquia, o custo é bem menor que na terceirização, mas também exige um controle e monitoramento da marca e da confiança da ação dos franquiados, a fim de não prejudicar a credibilidade da empresa original. Segundo o Sebrae (2020, p. 2), "as 2.703 franqueadoras em operação no Brasil em 2013 posicionam o país em terceiro lugar em número de marcas, superando os EUA e ficando somente atrás da China (onde os conceitos de licenciamento e de franquia se confundem) e a Coréia do Sul (país com grande número de microfranquias)".

Em seu modelo de tipos de estratégias empresariais de internacionalização, o Sebrae (2020) criou dois objetos de aprendizagem importantes. O primeiro, exposto no Quadro 3.1, trata das vantagens e dos desafios de cada um desses tipos, incluindo a franquia.

Quadro 3.1 – Mecanismos para servir mercados globais: pró e contras

MECANISMOS	VANTAGENS	DESVANTAGENS
Exportação	Simples; risco financeiro mínimo.	Pode ser menos lucrativa do que outros mecanismos.
Licenciamento	Desembolso de capital é mínimo; útil para servir países com restrições à importações.	Difícil de controlar licenciados; quando o contrato de licenciamento termina o licenciado pode tornar-se um concorrente; pode ser menos lucrativo do que outros mecanismos.
Franquias	Tipo de parceria que gera sinergias entre as partes, objetivando sucesso, crescimento e controle do negócio.	Semelhante ao licenciamento e ainda requer uma supervisão e controle do negócio a distância, em caráter proativo.
Joint venture	Risco limitado à quota de participação da empresa no empreendimento; o parceiro contribui com a experiência que falta à organização; útil quando o país anfitrião limita a propriedade estrangeira.	Divide o controle com o parceiro no empreendimento; o parceiro pode aprender tecnologias ou segredos e utilizá-los para competir contra a organização.
Propriedade direta (abrir filiais no exterior)	Controle máximo sobre as operações; possibilidade de estar perto dos clientes.	Alto custo inicial; requer conhecimento amplo dos mercados externos e contatos no exterior.

Fonte: Sebrae, 2020, p. 4.

Já o segundo (expresso na Figura 3.1) apresenta as etapas de internacionalização quando se busca a estratégia de franquia.

Figura 3.1 – Internacionalização de franquias brasileiras: passo a passo

Decisão de internacionalizar	→	Decisão de abrir franquias brasileiras no exterior	→	Planejamento da expansão	→	Definição de metas
Identificação de nichos	→	Escolha de mercados-alvo	→	Estudos de potencial de mercado	→	Promover a franquia
Adaptação do modelo de negócios ao novo mercado	→	Estabelecer processo de exportação	→	Desenvolver fornecedores locais	→	Ajustes à legislação local
Tradução e adaptação da documentação	→	Contratar e capacitar equipe local	→	Abertura das unidades políticas	→	Revisões e ações coletivas

Fonte: Sebrae, 2020, p. 10.

Como apresentamos, a estratégia de internacionalização por franquia (e por terceirização) exige a ciência de que os esforços e os lucros serão compartilhados por parceiros. Diferentemente do modelo de cooperativa, porém, a empresa fundadora da franquia tende a ter uma capacidade de crescimento muito maior. Hering no Paraguai (1997), Colcci nos Estados Unidos (1997), Bob's em Angola (2005), Spoleto no México (2005) e Mundo Verde em Portugal (2008) são apenas alguns exemplos de franquias de marcas de produtos e de serviços que alcançaram resultados exitosos em suas internacionalizações.

Entretanto, há aqui uma ressalva a ser feita: nem todo país dispõe de uma legislação adequada ou experiência para lidar com essa dinâmica. Por isso, é preciso se assegurar legalmente para que a marca e os direitos autorais e sobre a remessa de dividendos não sejam prejudicados pela ausência de normas de proteção.

3.4 Internacionalização de grande negócio: estratégias de filiais e subsidiárias terceirizadas

Depois de termos exposto as estratégias mais comuns dos pequenos e médios empresários, podemos observar o comportamento das grandes empresas. Afinal, é importante conhecer e saber diferenciar os processos de abertura de filias e a contratação de subsidiárias terceirizadas das grandes empresas transnacionais.

Por muito tempo denominadas apenas *empresas multinacionais*, nas quais predominava a abertura de filiais ao redor do mundo, as atuais empresas transnacionais, que optam pela terceirização, lidam com o sistema financeiro e com o mercado internacional. Criações do mercado globalizado, tanto as empresas multinacionais quanto as transnacionais compõem um cenário da cadeia de produção e consumo cada vez mais integradas em diversas partes do mundo e menos subordinadas ao controle estatal, especialmente em nações menos desenvolvidas.

Segundo a pesquisadora Ludmila Culpi (2017, p. 60), que evoca a definição dada pela Organização das Nações Unidas (onu), uma empresa multinacional é "uma organização de negócios cujas atividades estão localizadas em mais de dois países e a forma de organização que define o investimento externo direto". Já as empresas transnacionais, "diferentemente das multinacionais, perdem sua referência nacional ao não terem capital social pertencente a qualquer país; logo, não é um país que controla sua produção" (Culpi, 2017, p. 64).

De forma objetiva, podemos dizer que uma multinacional possui filiais em outras nações, mas também conta com uma matriz facilmente reconhecida em uma única nação. Quando se diz "A empresa em que fulano trabalha, no centro de Recife, é francesa", significa que se reconhece facilmente que se trata de uma multinacional. Já as transnacionais pulverizam sua produção por tantos lugares no mundo, utilizando-se de terceirizadas e conglomerados de outras empresas, que fica difícil identificar à qual Estado devemos recorrer caso a organização viole direitos trabalhistas, humanos ou comerciais. Poderíamos até mesmo afirmar que os aplicativos virtuais de serviços, presentes hoje em nosso dia a dia, podem, sim, ser de empresas transnacionais, pois muitos não são regulamentados em certos países, e as sedes administrativas não contam com filiais em todas as nações em que o aplicativo funciona.

Por deterem grande capital, as empresas multinacionais e transnacionais conseguem abrir filiais e subsidiárias em todo o mundo. A diferença está na hora de definir se terão uma filial ou se contratarão uma subsidiária terceirizada. Geralmente, internacionaliza-se por filiais quando se busca deter o controle de produção, tecnologia e valores da empresa. Assim, quando se busca manter a empresa sob uma organização e conselhos administrativos únicos, procura-se abrir filiais em outras nações. A marca também recebe um melhor controle, e as decisões estratégicas no mercado mundial são mais fáceis de serem tomadas. Além disso, os investimentos de capitais e as ações da empresa tendem a ser mais seguros, pelo fato de o mercado estar familiarizado com a trajetória da instituição em questão.

Já a internacionalização por contratação de subsidiárias terceirizadas ocorre quando a empresa abre mão da produção de parte ou do total dos produtos que venderá. Assim, uma grande empresa de roupas não precisa produzir as roupas, mas apenas os desenhos, e enviar para suas terceirizadas no mundo, que as produzirão por um preço baixo (empresas transnacionais buscam mercados com mão de obra barata, como América Latina e Sudeste Asiático) e as enviarão para outra terceirizada que fará a distribuição daquela marca no mundo. Nesse sentido, a empresa transnacional entra apenas com as marcas e com a captação do lucro, mudando de terceirizadas a qualquer momento em que novas regulamentações nacionais a ameaçarem ou novas fontes de recursos mais em conta surgirem em alguma parte do mundo.

Em ambos os casos – filiais e subsidiárias terceirizadas –, a internacionalização requer um aporte muito grande de investimentos e de gestão estratégica, dificultando essas estratégias para pequenas e médias empresas, mas sendo uma realidade muito presente conforme as empresas vão ganhando mais espaço no mercado internacional. Conhecendo essa faceta, fica claro que as grandes empresas e seus processos de internacionalização podem utilizar as estratégias dos pequenos e médios negócios, mas preferem ter uma internacionalização da própria produção – e não apenas da comercialização do produto/serviço final. Existe, ainda, a possibilidade de estabelecer uma *joint venture* como uma parte das estratégias mistas de internacionalização, conforme abordaremos na seção a seguir.

3.5 Estratégias mistas de internacionalização

Deixamos esta seção, ainda que breve, para tratar de outros casos estratégicos de internacionalização de grandes empresas, como licenciamento e *joint venture*. Já esclarecemos que existem estratégias de inserção no mercado externo por meio de exportações diretas, cooperativas, franquias, filiais (propriedade direta) e terceirizadas. No entanto, ainda é possível recorrer ao compartilhamento de ação estratégica com outra empresa mais experiente no mercado estrangeiro em que se busca se inserir.

No caso do licenciamento, a empresa em busca de internacionalização pretende vender os direitos de uso da marca e dos produtos para uma empresa que já está presente na região em que tem interesse. Por exemplo, uma empresa de jogos virtuais japonesa que deseja entrar no mercado brasileiro pode comercializar, por tempo determinado, uma licença de venda e de representação para uma empresa brasileira em Manaus, que atenderá ao mercado nacional. A essa empresa brasileira caberá produzir a mercadoria, divulgá-la e controlar a compra e a venda no Brasil, sendo a detentora dos direitos da marca por aqui. Em contrapartida, essa empresa pode pagar uma quantia fixa anual ou mensal para a instituição japonesa ou porcentagens sobre o lucro – a depender do contrato.

Já a *joint venture* é bem semelhante ao licenciamento. Seguindo o mesmo exemplo, a empresa japonesa pode criar um contrato com a organização brasileira. Contudo, a produção pode continuar com a empresa japonesa, ser realizada em parceria ou produzida apenas pela brasileira. A *joint venture* se dá, assim, em uma ligação entre ambas, em que a empresa brasileira será a única responsável legal no mercado brasileiro, tendo a japonesa poucos custos burocráticos e de inserção de mercado. Portanto, uma *joint venture* é uma associação de sociedades (empresas), sem caráter definitivo, para a realização de determinado empreendimento comercial, dividindo obrigações, lucros e responsabilidades.

Em ambos os casos – licenciamento e *joint venture* –, as vantagens são os baixos custos e o alto retorno de lucro para as empresas estrangeiras que propõem a ação. Porém, existe o risco intelectual, ou seja, a empresa nacional que se torna responsável pela produção e venda pode descobrir fórmulas, quebrar patentes e se tornar uma verdadeira concorrente após o término do período de licenciamento – tanto por dominar a tecnologia quanto por ter uma carta de clientes já estabelecidos na região. Acrescentam-se a isso os pontos contratados e o suporte legal das nações nas quais as negociações são realizadas.

Para saber mais

Para saber um pouco mais sobre como as cooperativas facilitam o processo de exportação de empresários menores, recomendamos a leitura dos textos indicados a seguir, que auxiliarão na compreensão da exportação por venda direta ao mesmo tempo que se compartilham custos e se ganha o mercado internacional.

SOUZA, H. R. dos S. et al. Internacionalização de cooperativas por meio da intercooperação. **Revista Estudo & Debate**, Lajeado, v. 24, n. 2, p. 192-210, 2017. Disponível em: <http://univates.br/revistas/index.php/estudoedebate/article/view/1303/1191>. Acesso em: 13 nov. 2020.

MAROSTICA, M. **Estratégia de internacionalização de uma cooperativa do agronegócio**: o caso Frimesa. 125 f. Dissertação (Mestrado em Administração) – Universidade Positivo, Curitiba, 2008. Disponível em: <http://livros01.livrosgratis.com.br/cp150361.pdf>. Acesso em: 13 nov. 2020.

É importante o gestor dominar a natureza das empresas em que atua e das concorrentes. Também é necessário conhecer melhor o cenário internacional em que a empresa está inserida ou no qual busca atuar. Por isso, recomendamos a leitura do livro *Empresas transnacionais*, de Ludmila Culpi (2017). Nele, procure as definições de empresas multinacionais e transnacionais, bem como a compreensão sobre a internacionalização de empresas. Também indicamos o livro *Comércio internacional: teoria e prática*, de Angela Cristina Kochinski Tripoli e Rodolfo Coelho Prates (2016), em que as questões de procedimentos de importação e exportação são apresentadas em detalhes.

CULPI, L. **Empresas transnacionais**. Curitiba: InterSaberes, 2017.

TRIPOLI, A. C.; PRATES, R. C. **Comércio internacional**: teoria e prática. Curitiba: InterSaberes, 2016.

Síntese

Neste capítulo, mencionamos que a internacionalização lida com riscos, empreendedorismo e com a natureza das empresas. Além de identificar a natureza do produto/serviço a ser negociado, é importante conhecer as dinâmicas de mercado e as estratégias, de acordo com o tamanho e o potencial da organização. Estratégias de exportação direta, terceirização, cooperativas, filiais, franquias, licenciamentos e *joint venture* são apenas as mais usuais em nossos dias. Para cada estratégia existem oportunidades e desafios.

Questões para revisão

1. Imagine que você precisa traçar um plano estratégico para uma pequena empresa em sua região. Identifique a melhor estratégia de internacionalização comercial e contextualize essa estratégia segundo as informações da empresa escolhida.
2. Qual é a principal diferença entre licenciamento e franquia como estratégias de internacionalização comercial?
3. Entre as estratégias de internacionalização, qual tem os riscos limitados à quota de participação da empresa? Assinale a alternativa correta:

    a) Franquia.
    b) Licenciamento.
    c) Exportação.
    d) Propriedade direta.
    e) *Joint venture*.

4. Entre as estratégias de internacionalização, qual tem os riscos financeiros mínimos? Assinale a alternativa correta:

   a) Franquia.
   b) Licenciamento.
   c) Exportação.
   d) Propriedade direta.
   e) *Joint venture*.

5. Entre as estratégias de internacionalização, qual tem o controle máximo sobre as operações e proximidade aos clientes estrangeiros? Assinale a alternativa correta:

   a) Franquia.
   b) Licenciamento.
   c) Exportação.
   d) Propriedade direta.
   e) *Joint venture*.

4

Internacionalização de instituições de serviços, de ensino e governos locais

Conteúdos do capítulo

› Estratégias de internacionalização de serviços e novas tecnologias.
› Internacionalização de aplicativos virtuais.
› Internacionalização de instituições de serviços, universidades, Administração Pública e cidades.
› Internacionalização com responsabilidades socioambientais.

Após o estudo deste capítulo, você será capaz de:

1. qualificar serviços como frente de trabalho na internacionalização;
2. reconhecer as tecnologias como ferramentas da internacionalização;
3. internacionalizar instituições de serviços e/ou que se vinculem ao tema.

SABEMOS QUE A INTERNACIONALIZAÇÃO É UM CAMPO MUITO fértil para o mercado de pequenas e médias empresas (PMEs) em exportação e importação. Contudo, o que muitos desconhecem é que a internacionalização pode alcançar outras instituições, como as de serviços. Diferentemente de bens e mercadorias, os serviços precisam de uma estratégia própria para sua internacionalização, pois se referem muito mais ações que detectam necessidades e desenvolvem soluções para mercados e comunidades externas. De redes de hotéis, passando por universidades, boas práticas em cidades e pautas de responsabilidades empresariais e sociais, os serviços, mais do que nunca, apropriam-se dos avanços em tecnologia e facilitam a expansão de diversos setores econômicos e sociais.

Antes de seguirmos com essa explanação, convém distinguirmos produto (bem ou mercadoria) de serviço. Embora os dois conceitos sejam distintos, ambos guardam características em comum. **Produto** é o resultado de um processo de produção, ou seja, da atividade humana ou de um processo natural que agrega valor para seu uso e consumo diante do mercado. O produto pode ser tanto um bem (uso próprio de quem o adquire) como uma mercadoria (uso para revenda no mercado). Já os **serviços** são a ação de uma ou mais atividades para atender a demandas sem envolver mercadorias, como orientações de gestão e soluções de problemas a uma empresa, o trabalho com a logística e transporte, ensino, atividades virtuais (como *e-mails* e chaves de liberação de programas), armazenamento de dados, entre outros.

Simplificadamente, produtos (bens e mercadorias) são coisas materiais, físicas, ao passo que os serviços dizem respeito a servir a alguém, tratando-se, portanto, de uma ação. Evidentemente, essa percepção é simplista, e existem exceções, uma vez que há pacotes de serviços (televisão por assinatura, por exemplo), que se tornam tanto serviços (atendimento ao cliente, oferta dos sinais digitais) quanto produtos (o aparelho que será instalado na residência capaz de decodificar os serviços).

Também podemos distinguir produtos e serviços considerando o modo de pagamento. Quase sempre, quando o valor de algo é contabilizado por peso, unidade, volume ou tamanho, estamos tratando de produtos. Por sua vez, se o valor é contabilizado segundo o tempo (horas ou dias de trabalho), podemos falar em serviço. Advertimos, porém, que, em um serviço de tradutor, existem tanto aqueles que cobrarão seu serviço por tempo de trabalho como aqueles que cobrarão por palavras (unidades) revisadas. Em ambos os casos, estamos falando de serviços, pois traduzir é uma ação, ainda que possa ser contabilizada em unidades.

Produtos e serviços apresentam, ainda, outra diferença: o produto pode ser adquirido e revendido ou passado para a posse de outro, ao passo que os serviços estão limitados ao direito de uso por determinado tempo; logo, não representam um bem ou uma mercadoria em sentido mais tradicional. Essas ideias de diferenciação entre produtos e serviços por meio do pagamento podem auxiliar, mas não devem ser tomadas como regra para todos os casos de forma literal.

4.1 Internacionalização de serviços

Já comentamos que os serviços se relacionam a uma ação prestada a alguém que pagará por isso. Exemplos de empresas de serviços são as de telemarketing, de ensino, de armazenamento de dados e de alguns programas (de serviços virtuais), seguros e serviços financeiros, consultorias e transportes (incluindo a logística internacional do comércio de mercadorias). Para cada um desses segmentos de serviços, existem particularidades pontuais sobre a internacionalização. Independentemente da categoria, uma ferramenta muito importante para se pensar a internacionalização de serviços atualmente é o avanço da tecnologia.

Anita Kon (1999) apresenta, em seu artigo, uma análise da mudança do papel dos serviços no contexto do comércio internacional, cujo enfoque recai sobre o desenvolvimento do embasamento tecnológico e da reestruturação produtiva, antecedente ao processo de internacionalização de serviços, que resultou nesse novo cenário de incentivos e facilitadores em que nos inserimos. Em sua pesquisa, Kon (1999) explica o que é internacionalização de serviços de forma mais aprofundada e examina diferentes fatores relacionados à internacionalização de serviços – ou comercialização de serviços – em diversas nações.

Para a autora, após os anos 1980, a intensificação da globalização e dos avanços tecnológicos – de uma ordem econômica internacional financeira e cada vez mais integrada – levou economias já desenvolvidas a buscarem novos espaços de produção ao redor do mundo, concentrando-se na administração de suas cadeias, das negociações prestadas e da financeirização dos negócios. Em palavras mais simples: os países ricos deixaram de ser território da produção industrial pesada e se especializaram em sediar os serviços administrativos e de relacionamento das grandes empresas com o mercado e a sociedade.

A autora também chama atenção para as dinâmicas de internacionalização de serviços, que se assemelham às de empresas manufatureiras (indústrias etc.), porém, mantendo características próprias. Enquanto uma empresa, como explicamos com as teorias de mercado, tende a se internacionalizar para lugares no mundo onde conseguirá produzir mais com menores custos (seja por mão de obra barata, abundância de recursos ou flexibilidades jurídicas), uma empresa de serviços até pode seguir inicialmente essa estratégia, mas tende a alcançar mercados mais distantes e com diferenças culturais maiores, dado o avanço da tecnologia. Se o lugar para as empresas de comércio de produtos é extremamente importante, para as de serviços o acesso e a tecnologia são mais determinantes em sua internacionalização.

Portanto, o lugar e os mercados são fatores importantes ao se pensar para onde vender os serviços, mas a tecnologia tem o poder de potencializar as iniciativas de venda de serviços em todo o mundo – o que ocorreria em menor intensidade com as mercadorias. Lembremos que muitos serviços não precisam atravessar fronteiras. É comum consumir um serviço de transporte privado em uma cidade, o qual é gerido pela empresa em outro país, ou então acessar dados pagos que foram coletados por uma empresa em outro continente em serviços de consultoria – o que seria inviável ao se pensar na internacionalização de empresas de manufaturados/mercadorias. Na maioria dos casos, os produtos precisam atravessar as fronteiras para serem comercializados internacionalmente. Nesse cenário, nas próximas seções, abordaremos algumas estratégias específicas de acordo com a natureza dos serviços ofertados.

Analisaremos como as tecnologias criam possibilidades e demandas por serviços no mundo, como por aplicativos virtuais, de ensino (profissionalização e pesquisa), de pautas de responsabilidade socioambientais e, consequentemente, de ONGs, e redes de cooperação transnacionais. No âmbito dos serviços, tanto empresas quanto instituições de interesse público passaram a ser frentes de trabalho para a internacionalização.

4.2 Internacionalização por aplicativos

Está claro que internacionalizar serviços não significa abrir uma empresa em outra nação (estratégia da propriedade ativa). Isso até pode ocorrer, mas, como informamos, o avanço das tecnologias propicia a administração e a oferta dos serviços aos clientes por meio da internet. No caso da logística internacional e de transportes, de fato existe a mobilidade física de uma nação para a outra. Todavia, até mesmo para oferecer serviços de transporte, não é necessário que a empresa esteja em todos os lugares e portos que atende. O modal se movimenta (barco, avião, trem etc.), mas a empresa pode responder aos clientes e se relacionar com eles valendo-se das ferramentas virtuais.

E qual seria a vantagem em ter um negócio internacional de serviços sem ter representações físicas em todos os mercados que se busca atender? A resposta é simples: diminuição de custos. Internacionalizar-se fisicamente, isto é, abrir filiais e subsidiárias, ainda é custoso, especialmente para as PMEs, que cada vez mais optam por investir em tecnologia quando buscam se internacionalizar.

Quanto ao aspecto jurídico, é difícil encontrar profissionais com competência para auxiliar com a legislação dos mercados atendidos. Especialmente no caso de serviços, é importante estarmos atentos às mais variadas legislações nacionais às quais os clientes possam estar submetidos. E existem profissionais que conhecem toda a jurisdição de todas as nações? Provavelmente, não. O habitual estratégico dessas empresas, especialmente de PMEs é criar termos em que se explicitam obrigações e serviços (contratos). Por meio desses documentos, o cliente fica ciente de todas as obrigações e deveres e, caso haja alguma controvérsia, pode buscar o apoio de algum especialista no país em que o fato ocorreu. Com isso, os custos são reduzidos em gastos jurídicos, mas isso não significa que se deva abrir mão de ajuda ou de funcionários permanentes que possam auxiliar em outras tarefas e trâmites legais.

Trabalhar em casa utilizando a internet facilita muito a internacionalização. Essa prática, conhecida como *homeworking*, vem ganhando espaço entre novos empreendedores, como em *startups* de serviços, e ganhou impulso com a pandemia do coronavírus. A criação de aplicativos virtuais de serviços depende da sensibilidade de seus criadores em atender a uma demanda local que possa ser, ao mesmo tempo, uma demanda de outros lugares. Muito se fala de uma empresa de serviços nascer global (*born global*), isto é, ser criada visando ao mercado internacional ou, ao menos, estar preparada para se expandir para além do mercado local, por meio de etapas predefinidas de estratégias de internacionalização.

De modo geral, a criação de empresas de serviços por aplicativos requer, além do domínio do mercado e suas ausências, o uso correto das tecnologias. Assim como o inglês é uma língua franca e o sistema financeiro internacional está cada vez mais interligado (bancos, cartões de crédito e formas de pagamento), os aplicativos virtuais se tornaram uma forma de interconectar múltiplas realidades. Quem viaja para diversos países pode utilizar os mesmos aplicativos de pagamento, transportes, localização e de compras que já utiliza em sua cidade. A internacionalização desses aplicativos, contudo, não ocorre simplesmente porque eles possuem capacidade de atender demandas – como o mundo conhecerá os aplicativos?

Para a internacionalização de aplicativos, é preciso, inicialmente, fazer a internalização, ou seja, a preparação da empresa para idiomas e sistemas de dados – e, em muitos casos, para a legislação dos mercados em que se quer atuar. Em seguida, inicia-se o marketing, isto é, a divulgação. Vale destacar que as grandes empresas de serviços que se internacionalizaram no setor, como Google e Uber, dispõem de capital para grandes propagandas. No caso de pequenas empresas, porém, algumas estratégias são aconselháveis para contornar as limitações financeiras para divulgação:

> abrir capital para investidores e, com isso, gerar fundo de divulgação e adequação de seu funcionamento nos diversos mercados;
> associar-se a outras empresas maiores de serviços, como as que permitem maior acesso, e fazer o *download* do aplicativo que elas oferecem;
> atuar em cidades com maior fluxo de turistas, que reconhecerão os serviços e poderão demandá-los em suas respectivas cidades de origem;
> associar-se a outras empresas de serviços estrangeiras e que sejam menores (*joint ventures* e ações semelhantes), para diminuir custos de inserção em mercados pouco conhecidos;
> investir em bons resultados iniciais no mercado doméstico, a fim de ganhar confiança externa (visibilidade positiva).

Nem sempre um aplicativo é criado em sua própria uma empresa ou *startup*; por vezes, essa ferramenta pode ser desenvolvida por um único indivíduo em sua própria casa. Nesse caso, as estratégias seriam praticamente as mesmas, pois sem criar uma personalidade jurídica é muito difícil se inserir em mercados estrangeiros – exceto se os serviços forem autônomos, porque uma pessoa física pode, de sua casa, ofertar serviços autônomos como consultorias, ensino não formal (idiomas, por exemplo) e outras atividades. O profissional pode internacionalizar seu conhecimento prestando serviços por meio de aplicativos ou recorrendo a empresas terceirizadas, como *sites* de suporte de videoconferências e de comunicação. Independentemente disso, as etapas da internacionalização ativa se mantêm as mesmas: preparar-se, negociar, executar o serviço e monitorar os resultados e desempenhos.

Internacionalizar-se em casa significa fazer tudo para garantir a acessibilidade e a visibilidade da empresa, com o objetivo de estar preparado para receber contatos e divulgar serviços internacionalmente sem precisar se deslocar fisicamente para outra nação. Isso também se aplica a PMES que lidam com comércio internacional. Os gestores dessas empresas têm de se certificar de algumas situações, questionando: O *site* e os atendentes estão preparados para entrar em contato com o mundo? Um estrangeiro tem à disposição meios para entrar em contato com essa empresa? As informações sobre os serviços estão claras? Existem manuais de serviços e procedimentos legais e institucionais voltados para o estrangeiro/mercados estrangeiros?

No caso dos aplicativos, sempre vale a pena se informar sobre lançamentos. Uber, iFood, Waze e muitos outros são exemplos de aplicativos (*apps*) que deram certo nos níveis regional, nacional e internacional. Por isso, é importante identificar como a tecnologia pode melhorar o mercado e ação profissional do gestor. É válido considerar sistemas de gestão virtuais, bases de compartilhamento de produtos e revendas virtuais, como estandes e *sites* de propaganda, entre outros. Nesse caso, os fóruns e tantas ferramentas virtuais podem facilitar os contatos, agora na rede virtual de serviços.

Por fim, lembramos que a internacionalização não precisa ser um caminho solitário. É possível identificar parceiros nos mesmos setores de atuação e que se dispõem a ajudar ou que precisam de suporte. Assim, fortalecem-se as agendas de cooperação internacional. Dessa forma, mais do que manter uma rede de contatos (*network*), vale a pena investir um pouco em auxiliar possíveis parcerias, para se fortalecer e conseguir atender a um público maior e internacional, por meio de ações complementares com as instituições estrangeiras.

4.3 Internacionalização de universidades

A internacionalização de instituições de serviços, como hotéis, empresas de assessoria jurídica, consultorias e organizações de ensino, está cada vez mais facilitada também pelas ferramentas virtuais de comunicação e compartilhamento de documentos. Muitas empresas de serviços oferecem em páginas virtuais em diversos idiomas em um mundo cada vez mais interconectado, formando e orientando profissionais e empresas sobre valores comuns e considerando diversas realidades diferentes, em todo o mundo. O ensino a distância (EaD) de universidades norte-americanas já alcança o Brasil, assim como as instituições brasileiras também iniciaram suas expansões em diversas outras nações.

A respeito da internacionalização de universidades, é preciso entender esse conceito em sua forma mais ampla, que extrapola o caráter comercial. A internacionalização universitária se sustenta em três pilares: (1) mobilidade acadêmica (professores, alunos e técnicos); (2) produção científica (pesquisa e extensão); (3) fortalecimento de pautas em redes transnacionais (defesa de valores e promoção de direitos, por exemplo).

Antigamente, os trâmites da internacionalização ocorriam quase exclusivamente por mobilidade de alunos, professores e trocas de cartas e materiais por correios. Contudo, atualmente, a internacionalização do ensino também pode aplicar os preceitos estratégicos da internacionalização, como o da internalização. Se antes entendíamos a internacionalização do ensino superior como mobilidade (e alto custo de passagens e hospedagem), hoje em dia a internacionalização em casa corresponde ao maior grau estratégico. Segundo Adinda van Gaalen e Renate Gielesen (2016), mais do que mobilidade, é importante que as instituições de serviços tenham *sites* bilíngues, orientações burocráticas e de contratos, bem como histórico de ações e corpo de funcionários disponíveis para contatos estrangeiros.

Gacel-Ávila e Marmolejo (2016) comentam que a internacionalização do ensino superior na América Latina vem crescendo, com grande procura dos latino-americanos na Europa e na América do Norte. Entretanto, nossa região perde para muitas outras em relação à escolha de europeus e norte-americanos. Isso ocorre, em parte, pela burocracia das instituições latino-americanas, e em parte, pelo pouco preparo da internacionalização em casa, ou seja, a internalização como uma estratégia de internacionalização.

Caberia, sobretudo aos professores, sob a orientação de profissionais de internacionalização, a escolha de instituições para firmarem convênios e a busca por grupos e linhas de pesquisas estrangeiras dispostas a cooperar valendo-se da comunicação virtual. Além disso, simpósios e divulgações de resultados de pesquisa também podem ser promovidos em páginas virtuais vinculadas aos programas das instituições, cortando custos com viagens e aluguéis de espaços para eventos.

Como desafios para a internacionalização universitária e de ensino, Jon Rubin (2016) menciona: a falta de experiência dos gestores com o âmbito internacional; a baixa iniciativa em incentivos de aprendizagem e na abertura sobre culturas e dinâmicas estrangeiras; a falta de domínio de idiomas; e as condições pouco adequadas para a hospedagem de alunos, professores e técnicos em mobilidade. Já na base dos desafios administrativos e de suporte institucionais, estariam o medo da tecnologia (*tecnofobia*), a burocracia, a ausência de manuais e de *sites* em outros idiomas, bem como inabilidade de professores e corpo técnico para receber estrangeiros e lidar com eles. Esse despreparo em casa gera altos custos com a internacionalização e impede a criação de programas internacionais e o contato com o mundo atual.

A exemplo de outras instituições de serviços, as universidades precisam de orientação profissional que não confunda internacionalização com turismo de alunos e professores, sempre estando abertas a novas tecnologias e estratégias de redução de custos. Dessa forma, fica mais clara a ideia de internacionalização em casa proposta por pesquisadores holandeses (Gaalen; Gielesen, 2016) considerando universidades e centros de ensino que buscam atrair um maior número de estudantes e professores visitantes para as universidades holandesas.

Internacionalizar-se em casa (*internationalisation at home*), quando se presta serviços, implica reconhecer se a instituição possui acessibilidade ao estrangeiro. Algumas perguntas norteadoras para se certificar disso são: Os atendentes conseguem se comunicar em dois ou mais idiomas? A infraestrutura da instituição, caso receba visitas, tem placas informativas em outros idiomas e documentos complementares em que se explicam os serviços, a legislação e os procedimentos, fisicamente e virtualmente?

As pesquisas de Silva e Mercher (2016) e de Bernardo e Mercher (2018) avaliaram processos de internacionalização do ensino superior em instituições públicas e privadas. Em Bernardo e Mercher (2018), analisamos todos os programas de pós-graduação de Relações Internacionais no Brasil (mestrado e doutorado) e identificamos a falta de estrutura em outros idiomas, especialmente referente à burocracia (que esbarra nas distâncias culturais dos estrangeiros com nossas práticas). Também ficou evidenciado o desconhecimento de professores que ainda acreditam que lecionar em outro idioma seria proibido por lei, resultando em baixa oferta de disciplinas que contemplem conteúdos em inglês, espanhol e em outros idiomas. Em Silva e Mercher (2016), avaliamos os processos de internacionalização do Centro Universitário Internacional Uninter, por relato de experiência, visto que ambos estivemos à frente da instituição por anos e identificamos as necessidades estruturais de idiomas e de mobilidade acadêmica de docentes, discentes e colaboradores.

O caso das universidades foi comentado aqui para sublinhar que muitas outras instituições de serviços, de ensino ou não, devem refletir sobre a acessibilidade ao estrangeiro e a internalização de ferramentas que facilitem sua internacionalização. Tanto em universidades públicas quanto em instituições privadas, muitas vezes falta um planejamento estratégico de internacionalização para guiar os profissionais e funcionários. Vale registrar, porém, que nos últimos anos isso vem mudando, especialmente após as orientações à internacionalização promovidas por instituições de pesquisa do governo brasileiro, como a Coordenação de Aperfeiçoamento de Pessoal de Nível Superior (Capes) e o Conselho Nacional de Desenvolvimento Científico e Tecnológico (CNPQ), e pelos ministérios da Ciência e Tecnologia e da Educação.

Diversos treinamentos institucionais e de cursos de internacionalização para professores e técnicos são promovidos, como nos Institutos Federais de Educação Tecnológica do Brasil, Mercosul Educacional e Uninter. Isso demonstra o grande campo de atuação do *trader* e do internacionalista no campo do ensino, tanto na esfera da administração pública quanto na esfera privada.

4.4 Internacionalização de cidades

Atualmente, muito se fala sobre a internacionalização de cidades e de outros governos locais em todo o mundo.

Financiamentos e empréstimos internacionais podem ser almejados por profissionais vinculados à gestão pública, como os oferecidos pelo Banco Mundial e pelo Programa das Nações Unidas para os Assentamentos Humanos (UN-HABITAT).

A atuação das cidades no âmbito internacional é conhecida como *paradiplomacia* (diplomacia paralela à diplomacia nacional, exercida pelos Estados-nações), e essa disposição para se lançar ao cenário internacional visa alcançar alguns objetivos, entre eles: financiamentos internacionais para políticas públicas; visibilidade para atração de capital e investimentos estrangeiros; posicionamento político e projeção de valores; tecnologias e parcerias para solucionar desafios comuns; e, até mesmo, competição com outros governos locais nos mercados internacionais de cidades – imobiliário, turismo, boas práticas, grandes eventos, logística comercial internacional etc.

A internacionalização de cidades, ou seja, a prática da paradiplomacia demanda a criação de planos estratégicos para divulgar a cidade no cenário internacional e, posteriormente, alcançar os objetivos. É justamente nesse planejamento de visibilidade que se encontram as estratégias das cidades em serem: cidades inteligentes; cidades sustentáveis; cidades turísticas e de entretenimento; centros financeiros etc.

Hoje em dia, muitas cidades buscam se internacionalizar a fim de se tornarem modelos estratégicos de cidades inteligentes e sustentáveis. Isso significa que profissionais são acionados pelas prefeituras para implementar centros tecnológicos e de inovação, *startups* e núcleos de práticas e soluções urbanas que integrem o cidadão a um dia a dia mais inteligente – ou seja, uma cidade digital, funcional, mais segura e mais responsável com questões humanas e de sustentabilidade. Justamente nesse âmbito, surgem demandas não só para desenvolver boas práticas, mas também para a contratação de consultorias (serviços) e de empresas que detenham ferramentas para esse fim.

Durante os processos de internacionalização e da nova gestão inteligente e sustentável, muitas empresas estrangeiras ofertam suas ferramentas para as cidades brasileiras. Contudo, isso também pode ocorrer da forma inversa: muitas organizações brasileiras podem ofertar seus serviços. A experiência nacional com questões de segurança, habitação, clima e desenvolvimento humano podem resultar em mecanismos a serem internacionalizados para outras cidades em todo o mundo, com realidade igual ou mais difícil que a brasileira.

Se a preocupação é com mercados e comércio, temos de lembrar que são as cidades os grandes centros de gestão internacional das dinâmicas de mercado. Nelas, estão sediadas as maiores empresas do mundo, portos e aeroportos, aduanas, bem como as principais bolsas financeiras, além de serem os locais em que os principais executivos moram e trabalham e, por conseguinte, onde são tomadas decisões sobre os rumos dos mercados. Pensar em como uma cidade se abre ao mundo significa avaliar o quanto ela facilitará a vida dos profissionais de internacionalização.

Londres, Nova York, Tóquio, Berlim e muitas outras grandes cidades já são internacionalizadas. Isso significa que apenas as grandes cidades conseguiriam a internacionalização? A resposta é: não. Qualquer cidade pode se internacionalizar, e isso pode ocorrer tanto por meio de estratégias públicas – como ser uma *smart city* (cidade inteligente em que a tecnologia é empregada para o bem das pessoas e da gestão pública) – quanto mediante iniciativas privadas como a de cooperativas, tal qual nos casos já mencionados de Sunchales (Argentina) e Nova Petrópolis (Brasil), que se internacionalizaram com o apoio às cooperativas de exportação de mercadorias e serviços. Dessa forma, vale a pena averiguar como a cidade pode ajudar no processo de internacionalização pretendido pelo empresário e prestador de serviços.

Além disso, é possível identificar algumas dimensões de variáveis atinentes à internacionalização das cidades. Por exemplo, existem ao menos cinco dimensões a serem exploradas (Mercher; Pereira, 2018):

1. **Dimensão dos gestores públicos**: Refere-se aos políticos, como prefeitos e governadores.
2. **Dimensão dos mercados**: Corresponde a imobiliário, turismo, entretenimento, logística comercial etc.
3. **Dimensão institucional**: Compreende casos em que existem secretarias específicas de relações internacionais ou secretarias municipais e estaduais afins, como turismo e comércio.
4. **Dimensão internacional**: Envolve possibilidades de ganhos locais com financiamentos internacionais, busca por parcerias e trocas de modelos de políticas públicas com outros governos locais e organizações internacionais, como o Banco Mundial.
5. **Dimensão epistêmica**: Diz respeito a consultorias por meio de ONGs e institutos de pesquisa e universidades que assessoram governos locais em sua internacionalização.

Tais dimensões variam de intensidade no momento de uma cidade ou um gestor decidir se internacionalizar. Cabe ao *trader* avaliar se a estratégia de internacionalização dará maior ênfase ao mercado ou à agenda pessoal dos gestores políticos, ou se, ainda, será guiada pelas comunidades epistêmicas (professores especialistas da região) sobre o que é melhor para o local.

A cidade do Rio de Janeiro, por exemplo, teve seu plano estratégico de internacionalização definido muito mais pelos interesses dos gestores políticos (prefeitos) e do mercado do que pelas orientações e demandas de especialistas universitários ou de organismos internacionais (Mercher; Pereira, 2018). Nessa perspectiva, avaliar os impactos dessas decisões e da natureza do planejamento estratégico também é parte do trabalho do *trader*.

4.5 Internacionalização com responsabilidades

Ao se internacionalizarem, as empresas precisam levar em consideração algumas responsabilidades jurídicas e morais, a depender dos mercados em que se inserem. Como agentes importantes nessa fiscalização, estão organizações não governamentais (ONGs), que representam os interesses da sociedade civil. Essas organizações se tornaram, nas últimas décadas, indicadores de clientes e mercados para determinadas práticas, produtos e serviços.

Durante a execução e o monitoramento das estratégias de internacionalização, é imprescindível ficar atento às legislações ambiental e trabalhista, bem como ao respeito aos direitos humanos, explicitados pela Organização das Nações

Unidas (ONU). A ONU, uma organização internacional (criada por nações), na qualidade de representante dos Estados, reconhece o papel das ONGs na organização e no monitoramento das responsabilidades econômicas, sociais e ambientais em todo o mundo.

Em um momento de financeirização da globalização, é muito comum que organizações busquem se internacionalizar (especialmente a produção) para mercados e nações em que essas legislações são mais brandas. Todavia, se o público consumidor for de uma nação onde a legislação é mais rígida, essa estratégia tenderá a fracassar. Boicotes a marcas que utilizaram mão de obra infantil ou com baixos salários no sudeste asiático são comuns em países europeus. Da mesma forma, desastres ambientais ou a exploração de recursos ambientais, que são tidos como predatórios nos países dos consumidores, também geram crises comerciais. Além disso, muitos investidores, ainda que não sejam consumidores, sofrem pressão de grupos de ativistas e passam a abandonar as empreitadas das empresas.

Para as PME, esses riscos existem, mas em menor escala, visto que pouco se explora de recursos, e o número de funcionários e de terceirizadas é menor. Contudo, vale a pena estar atento e sempre buscar se informar a respeito da legislação do país em que se busca atuar, bem como dos valores do público consumidor e do ativismo transnacional. Uma imagem sem complicações ambientais e sociais sempre terá melhor capacidade de concorrência diante de empresas que já mancharam seu nome com processos duvidosos.

Em acréscimo, ao incluir a empresa em redes de proteção ambiental e de responsabilidade social, como o Pacto Global da ONU (união de empresas de todo o mundo que seguem orientações da ONU para o desenvolvimento sustentável), sua imagem e visibilidade podem se tornar melhores do que as da concorrência que, mesmo sem escândalos, não associa suas marcas a certos valores. Selos como o ISO 14000 e outros certificados também fomentam uma melhor saúde comercial e promovem maior facilidade de inserção internacional. Ressaltamos que sempre é melhor praticar a responsabilidade e ter todas as portas abertas do que se arriscar por interesse de lucros fáceis e acabar fechando caminhos importantes para o crescimento comercial da instituição.

Como grandes prestadoras de serviços de interesse público, as ONGs (enquadradas no terceiro setor, ou seja, no conjunto de organizações formadas por iniciativa de grupos privados dirigidas para a defesa do interesse público/coletivo) também se internacionalizam e sustentam muitos funcionários. É preciso deixar de lado aquela ideia de que trabalho em ONGs é sempre voluntário. De fato, existe o trabalho voluntário, mas não significa que uma ONG sobreviva apenas disso. No Brasil, assim como em muitas partes do mundo, a sociedade civil organizada cria organismos como fundações, institutos, sindicatos, associações e outras entidades de interesse público que são classificadas como ONGs.

Com relação à oferta de serviços, as ONGs podem atuar na proteção ambiental, na divulgação cultural, no incentivo e apoio a pesquisas científicas, na avaliação e no monitoramento de índices sociais e econômicos e, até mesmo, prestar serviços sociais para empresas e governos. Algumas das ONGs internacionais mais famosas são: World Wide Fund for Nature (WWF), People for the Ethical Treatment of Animals

(Peta) e Green Peace, que atuam em âmbito ambiental e pelos direitos dos animais e consumidores conscientes; Médicos sem Fronteiras (MSF), Cruz Vermelha e Human Rights Watch (HRW), que atuam no auxílio e no monitoramento dos direitos humanos, como na saúde e integridade física; Ford Foundation e Pfizer Health Research Foundation, dedicadas às pesquisas e ao avanço do conhecimento. Entretanto, essas ONGs já estão internacionalizadas. Vamos apresentar a seguir processos de internacionalização de ONGs menores, que podem, e deveriam, ampliar suas práticas internacionais.

Ruiz (2012, p. vii), em sua tese de doutorado, analisou diversas estratégias de internacionalização de ONGs e encontrou pontos importantes de que trataremos. Observe o que o autor constatou:

> pode-se citar a percepção de que há mais benefícios do que custos ao se internacionalizar uma ONG, indícios mostraram que o processo de decisão é racional e que motivações "econômicas" estão entre as mais importantes na decisão de ir ao estrangeiro, de escolher um parceiro neste processo e de escolher quais serão os países de destino. Os estudos de caso revelaram também a forte influência do empreendedor social na internacionalização das entidades. Identificou-se um forte caráter "emergente" no processo de ida ao estrangeiro, em contraponto a uma estratégia de internacionalização mais planejada. Entretanto, identificou-se que quanto maior a maturidade internacional da ONG, mais planejado tende a ser o processo de expansão geográfica internacional. Quanto às parcerias e à rede das ONGs, constatou-se que os relacionamentos influenciam na internacionalização. As percepções levantadas na *survey*

não só confirmaram as impressões dos casos, como apontaram alguns indícios interessantes. As principais motivações para a internacionalização de uma ONG citadas pelos profissionais foram: captar recursos no exterior, trazer boas práticas e atender necessidades no estrangeiro. Desconhecimento de formatos legais de atuação no estrangeiro foi a barreira apontada como mais relevante.

Em primeiro lugar, destacamos que a internacionalização de ONGs (associações, fundações, institutos, sindicatos, irmandades, representações etc.) deve contar com uma liderança do empreendedor social, o profissional que identificará anseios sociais e avaliará os riscos do processo. No âmbito social, o empreendedorismo envolve atividades que atendam ao interesse público. Dessa forma, o empreendedor social é aquele profissional que detecta o momento e os objetivos corretos da internacionalização da instituição, avaliando os riscos nacionais e internacionais e promovendo atividades benéficas ao público, como resultado final.

Todavia, como Ruiz (2012) apontou, esse profissional deve tomar cuidado e buscar se planejar bem – o que não costuma acontecer em ONGs brasileiras. O caráter emergente e menos planejado da internacionalização de ONGs do Brasil para o resto do mundo pode afetar negativamente os resultados. Isso acontece, provavelmente, em razão das limitações de recursos, das poucas ferramentas tecnológicas de diminuição de custos, da alta distância psíquica e dos conflitos jurídicos. Na realidade, a maior dificuldade de atuação internacional – e agora não apenas das ONGs, mas também das empresas –, é o processo de adaptação e o respeito às leis locais.

Se uma ONG é pequena e ainda muito nova, vale a pena buscar se atrelar a ONGs maiores e mais antigas, com boa credibilidade no cenário internacional, por meio de parcerias e serviços. Com isso, a organização em questão poderá rapidamente ganhar boa reputação e reconhecimento da sociedade, que estará mais aberta para recebê-la em diversas partes do mundo. No caso das empresas, também é preciso levar em conta essa possibilidade de vincular a imagem a organizações mais estabilizadas, mediante pequenos serviços ao longo do tempo, bem como ganhar os selos e certificados de ONGs de qualidade ambiental, social e trabalhista. A responsabilidade na internacionalização não deve se limitar às questões jurídicas e burocráticas, tem de considerar também como a empresa ou instituição poderá contribuir com um futuro melhor para a humanidade.

Para saber mais

Para saber mais sobre redes voltadas à internacionalização de serviços de interesse público, indicamos a visita aos *sites* a seguir. Acesse-os para encontrar projetos de cooperação entre as instituições envolvidas. Por exemplo, na página do Pacto Global, é possível verificar os dez princípios que as empresas brasileiras e estrangeiras se comprometeram a assumir em suas práticas junto ao interesse público internacional.

MERCOCIDADES. Disponível em: <https://mercociudades.org/pt-br/>. Acesso em: 16 nov. 2020.

ISA – INSTITUTO SOCIOAMBIENTAL. **Rede de ONGs da Mata Atlântica – RMA**. Disponível em: <https://www.socioambiental.org/pt-br/campanha/rede-de-ongs-da-mata-atlantica-rma>. Acesso em: 16 nov. 2020.

PACTO GLOBAL. Disponível em: <http://pactoglobal.org.br>. Acesso em: 16 nov. 2020.

Também sugerimos a leitura do artigo de Pereira e Gomes sobre a indústria farmacêutica brasileira em internacionalização (2017), que trata dessa relação entre mercado e um setor tão próximo da ética e dos recursos e responsabilidades ambientais.

PEREIRA, A. J. P.; GOMES, J. S. Um estudo das estratégias de internacionalização das indústrias farmacêuticas brasileiras. **Revista de Contabilidade e Organizações**, v. 11, n. 29, p. 68-79, jan./abr. 2017. Disponível em: <http://www.revistas.usp.br/rco/article/view/127592>. Acesso em: 16 nov. 2020.

Síntese

Neste capítulo, ampliamos nossa abordagem sobre a internacionalização de serviços no mercado internacional. Explicitamos as diferenças e semelhanças entre serviços e produtos. Além disso, observamos que existem outras instituições não comerciais que também estariam aptas a se internacionalizar, como as organizações não governamentais (ONGs).

Ainda, considerando a internacionalização de serviços, é interessante buscar redes de cooperação para além das redes de contatos e investir em novas tecnologias que diminuem os custos de todo o processo. A internacionalização começa em casa, preparando *sites* e outros canais de acesso para atender às atuais demandas internacionais. Por isso, é essencial investir em idiomas, traduções e manuais bilíngues para os clientes, bem como viabilizar a capacitação de funcionários em gestão e negociação internacionais.

Questões para revisão

1. Existem diferenças estratégicas no uso tecnológico entre a internacionalização de empresas que exportam produtos (mercadorias) e as que prestam serviços? Justifique sua resposta.
2. Cite e explique ao menos um benefício que as novas tecnologias representaram para a internacionalização de prestação de serviços.
3. A internacionalização de serviços diz respeito a levar para um mercado externo a prestação e pode ocorrer presencialmente ou virtualmente. Nesse sentido, assinale a alternativa mais correta sobre a internacionalização do ensino superior:

   a) Ocorre com a mobilidade acadêmica de alunos.
   b) Ocorre com a mobilidade acadêmica de alunos e professores.
   c) Ocorre com a mobilidade acadêmica de alunos, professores e funcionários.
   d) Ocorre com a mobilidade acadêmica de alunos, professores e funcionários, bem como com a cooperação em pesquisas e a preparação institucional em casa, por exemplo, no desenvolvimento de *sites* bilíngues e de meios de comunicação virtuais.
   e) Ocorre com a mobilidade acadêmica de alunos, professores e funcionários, bem como com a cooperação em pesquisas e a preparação institucional em casa, por exemplo, no desenvolvimento de *sites* bilíngues e em meios de comunicação virtuais direcionados para

os países desenvolvidos, como os da União Europeia e os Estados Unidos da América.

4. Muitas instituições internacionalizam seus serviços. Sob essa ótica, assinale a alternativa que apresenta apenas exemplos dessas instituições:

   a) Redes de hotéis, universidades e escritórios de consultoria e assessoria.
   b) Indústria de exportação têxtil, mineradoras e câmaras de comércio.
   c) Tribunais aduaneiros, tribunais tributários e tribunais *ad hoc*.
   d) Sindicatos, frigoríferos e mercados municipais.
   e) ONGs, cidades e montadoras automotivas.

5. As cidades se tornaram palco para os processos de internacionalização do mundo. Nelas, estão a maioria das grandes empresas, indústrias, portos, aeroportos, executivos e outros principais mecanismos do mercado internacional. Por isso, muitas cidades se internacionalizam com suas empresas e infraestrutura. A esse respeito, assinale a alternativa que apresenta o termo que designa a atuação internacional das cidades:

   a) Burocracia.
   b) Talassocracia.
   c) Paradiplomacia.
   d) Antropofagia.
   e) Siscoserv.

5

Viabilidade, projeções e resultados da internacionalização

Conteúdos do capítulo

> Gestão interna para internacionalização.
> Capacidades dinâmicas de internacionalização.
> Principais etapas de viabilização da internacionalização de PMEs.
> Projeções e monitoramento de resultados da internacionalização.

Após o estudo deste capítulo, você será capaz de:

1. elaborar um projeto de internacionalização para PMEs;
2. gerir pessoal e recursos e definir etapas internas para a internacionalização;
3. definir etapas externas para a internacionalização.

Neste último capítulo, sintetizaremos os processos de internacionalização em pontos que foram tratados aqui de modo superficial ao longo da obra. Enfatizaremos o processo de internacionalização no campo microeconômico, ou seja, sob o foco das empresas, em especial as pequenas e médias (PMEs), que necessitam das ferramentas de gestão do processo de internacionalização, mas comumente as desconhecem. Facilitaremos a compreensão do profissional responsável pela internacionalização, bem como das ferramentas de gestão e das áreas envolvidas, como produção, marketing, logística e vendas internacionais.

Para um melhor entendimento desse conteúdo, dividimos o capítulo em cinco seções. Na primeira, abordaremos a definição de sistemas de gestão internos à instituição para alcançar uma boa projeção internacional, além das capacidades dinâmicas da internacionalização. Na segunda, versaremos sobre o marketing internacional associado à visibilidade da empresa, e detalharemos o papel da produção e da logística na internacionalização. Na terceira, apresentaremos as etapas para a elaboração simples de um projeto de internacionalização de uma PME. Na quarta, discorreremos brevemente a respeito da capacitação de pessoal em áreas importantes para fomentar a internacionalização. Na quinta, por fim, apresentaremos o monitoramento de resultados.

5.1 Preparando internamente a instituição: sistemas de gestão

Para as empresas e instituições, projetar-se internacionalmente significa ter responsabilidades com a própria capacidade de manter uma imagem saudável e, com isso, garantir o cumprimento de suas obrigações. Ao definir o mercado, o setor e a nação em que uma empresa busca se inserir, faz-se necessário identificar os desafios de produção e gestão internos da organização. Para tanto, trataremos da Análise Pest (nome formado pelas iniciais dos adjetivos *política*, *econômica*, *social* e *tecnológica*) e de algumas ferramentas de gestão que versam sobre ciclos. Além dessas, exporemos algumas das principais capacidades dinâmicas que podem estar presentes (ou serem adotadas) em planos de internacionalização empresarial. Essas ferramentas de compreensão de riscos e de gestão garantem uma melhor experiência à internacionalização – mas, como sempre, lembramos que não são as únicas disponíveis. É recomendável ao *trader* ampliar seus conhecimentos por meio de estudos nas áreas de interesse em periódicos acadêmicos e em outras fontes confiáveis.

O especialista Cláudio Henrique de Castro (2010) cita uma ferramenta que se tornou muito comum na última década, a Análise Pest. O autor defende que para um bom manejo dos riscos e da gestão é preciso levar em consideração a nação estrangeira em que se busca a projeção (Castro, 2010, grifos do original), levando em conta os seguintes fatores:

Politic (Político)
- A estabilidade política;
- O funcionamento do sistema jurídico;
- O funcionamento do sistema penitenciário;
- Os risc os militares;
- A estrutura de regulamentação para seus negócios;
- A regulamentação trabalhista;
- A política de impostos;
- As normas técnicas de embalagem e segurança.

Economic (Econômica)
- Qual o modelo econômico daquele país;
- Qual o "custo país";
- Qual o modelo cambial e seu risco;
- Como funciona o sistema financeiro;
- Qual a taxa de juros média daquele país;
- Quais acordos financeiros existem entre aquele país e o seu;
- Qual a taxa de crescimento econômico e de inflação;

- Qual o ciclo econômico atual (recessão, recuperação, crescimento);
- Qual a disponibilidade de força de trabalho e de capitais variados.

Social (Social)
- Como funciona a estrutura social daquele país;
- Qual a relação entre ricos e pobres;
- Qual a escolaridade média da população adulta;
- Qual o nível de consciência ambiental daquele país;
- Quais as peculiaridades culturais do país.

Technological (Tecnológico)
- Quais as inovações tecnológicas existentes naquele país;
- Quais os estímulos ao desenvolvimento tecnológico;
- Qual o custo de transferência tecnológica;
- Qual a população de técnicos;
- Qual a taxa de difusão tecnológica;
- Qual o melhoramento da oferta com o uso de novas tecnologias;
- Qual o melhoramento do custo com o uso de novas tecnologias.

São muitas perguntas e informações demandadas nessa análise, mas ao se programar para encontrar as respostas, o *trader* obterá um processo muito mais fácil. A Análise Pest reforça a relevância de se compreender os cenários internacionais e nacionais dos países em que a empresa busca investir ou criar parcerias. As leis mudam, e também os costumes e a cultura, a estabilidade política e a liberdade de mercado, as barreiras tarifárias e não tarifárias, além de outras variáveis que determinam se a projeção vale ou não a pena, se é possível correr os riscos da internacionalização e o que fazer para amenizá-los. Os custos tecnológicos e de mão de obra, bem como o peso de impostos sobre os produtos, entre outros aspectos, têm de ser discriminados na conta final, pois recairão sobre o preço do produto ou serviço.

Carlos Junior (2017), por seu turno, cita cinco ferramentas de gestão (não sendo estas as únicas) que facilitam na elaboração de projetos como o de internacionalização. São elas: 5W2H; PDCA; PMBOK; KPI; e PM Canvas. Segundo o autor:

> O gerenciamento de projetos corporativos é uma atividade estratégica que permite que a companhia execute as etapas dentro do padrão de qualidade esperado, evite riscos e atinja melhores resultados no médio e longo prazo.
>
> Para que tudo isso seja possível, a empresa deve ter o apoio de um conjunto de ferramentas de projeto bem estruturadas e alinhadas com as suas demandas. Será por meio desses recursos que os times serão orientados a serem mais eficientes e capazes de atingir os resultados esperados.
>
> Na gestão de projetos, não poderia ser diferente! Essa necessidade deu origem a alguns modelos que tornaram a gestão mais eficiente.

Com base nessa percepção (Junior, 2017), trataremos aqui de algumas ferramentas que facilitam a gestão. Reiteramos que investir em tecnologia (que não necessariamente se refere apenas a computadores, mas também a estratégias de gestão eficiente) e em modelos de eficiência significa praticar o que aprendemos em internacionalização em casa. O 5W2H, segundo o autor, "surgiu no Japão para facilitar o planejamento de qualquer demanda. O 5W corresponde às iniciais em inglês de What (o quê), Why (por quê), Where (onde), When (quando) e Who (quem). Já o 2H faz menção às iniciais de How (como) e de How much (quanto)" (Junior, 2017).

As perguntas contidas nesse método permitem hierarquizar o que de fato importa e o que seriam informações secundárias. Em outras palavras, ao buscar as respostas a essas questões, pode-se sintetizar a projeção internacional quando se define o que está sendo produzido/ofertado, por que se deseja a internacionalização e para onde ela será feita, quais estratégias serão utilizadas (franquia, licenciamento, filiais etc.), quando isso poderia ocorrer, por quanto tempo se pretende ficar no país estrangeiro e quais profissionais serão os responsáveis (principais ou de apoio). Além disso, o 5W2H facilita a passagem das principais informações e orientações à equipe envolvida, bem como nas definições de tarefas para a elaboração prévia do projeto de internacionalização, e ainda organiza as ideias para contato e negociação com outras partes terceiras.

Brevemente, podemos ainda citar a Análise SWOT (acrônimo formado pelas iniciais das palavras em inglês *strengths*, *weaknesses*, *opportunities* e *threats*, que significam, respectivamente, "forças", "fraquezas", "oportunidades" e "ameaças") e o modelo 4P/4S (produto, preço, promoção e praça; solução, serviço, sinceridade e seriedade), ambos em busca da organização por etapas do bom funcionamento da gestão seguindo suas palavras-chave. No caso desses dois modelos, o mercado, ou seja, o processo de produção e inserção na praça (mercado e concorrência) soma-se ao pessoal (gestão de pessoal e qualidade de recursos humanos) em etapas planejadas que fomentam a eficiência final.

Já o ciclo PDCA (acrônimo formado pelas iniciais das palavras em inglês *plan, do, check* e *act*, que equivalem aos verbos *planejar, fazer, checar* e *agir*) seria a segunda ferramenta de gestão, em que a principal estratégia é identificar possíveis falhas e riscos na organização dos processos de gestão – e, consequentemente, de internacionalização. Esse ciclo visa identificar as causas geradoras do desvio e solucionar seus fatores primários, constituindo uma filosofia de melhoria contínua. Segundo Junior (2017), "logo que um ciclo é concluído, outro começa e assim sucessivamente até que se alcance um nível mínimo de qualidade que atenda às expectativas do cliente". Como resultado, a empresa teria ganhos de médio e longo prazos, ao se tornar mais eficiente diante dos riscos habituais – no nosso caso, os atinentes à internacionalização.

Por sua vez, o PMBOK (Project Management Body of Knowledge, ou Corpo de Conhecimento em Gestão de Projetos), um guia de boas práticas de gerenciamento de projetos, orienta para uma gestão integrada entre diversas ferramentas, técnicas, habilidades e áreas do conhecimento prático da gestão empresarial. Integração, escopo, tempo, custos, qualidade, recursos humanos, comunicações, riscos, aquisições e partes interessadas são as informações fundamentais a respeito da empresa e dos custos e necessidades do projeto em relação a essas áreas. Em outras palavras, vale fazer as seguintes perguntas: Quanto dos recursos humanos da empresa o projeto demandará? Quais são os riscos e de que forma se comportam as partes interessadas? De acordo com Junior (2017), "o PMBOK estabelece 47 processos de gerenciamento contidos em 5 grupos de processos (Iniciação; Planejamento; Execução; Monitoramento e controle; e Encerramento) correspondentes às 10 áreas de conhecimento citadas acima" (Junior, 2017)[a].

Já os indicadores de desempenho, ou *key performance indicators* (KPIs), assemelham-se a métricas. Os KPIs têm a função de mensurar o desempenho empresarial (criar indicadores) a partir de variáveis (critérios) hierarquizadas como mais relevantes (com maior capacidade explicativa sobe o sucesso e fracasso): "Ao medir o status de suas demandas, a organização pode avaliar se o resultado é ou não satisfatório. Caso não seja, você tem subsídios para intervir e ajustar a performance ao resultado esperado" (Junior, 2017). Os KPIs estratégicos apontariam, portanto, para o alinhamento dos objetivos dos projetos com os da empresa, simulando-os em diversos cenários, ou seja, "projetando panoramas e comparações entre o planejado e o realizado" (Junior, 2017).

Como exemplo de indicadores, o autor destaca: o tempo de retorno sobre o investimento (ou *payback*), o défice, a receita por tipo de produto ou por unidade de negócio. Já os KPIs de produtividade servem para mensurar o desempenho dos integrantes dos projetos em andamento, colaborando com a projeção da viabilidade de admissões ou desligamentos, atribuição de recursos, aquisição de equipamentos etc. Portanto, os KPIs são métricas para criar indicadores sobre capacidades e necessidades em cenários de elaboração, execução e avaliação de projetos.

---

[a] Dada sua extensão, orientamos consultar o Project Management Institute, que subjaz a criação dessa ferramenta: PROJECT BUILDER. **O que é PMI?** 31 maio 2017. Disponível em: <https://www.projectbuilder.com.br/blog/o-que-e-pmi>. Acesso em: 16 nov. 2020.

Por fim, o PM Canvas (Project Model Canvas) consiste em uma metodologia que busca proporcionar ao planejamento, à execução e à gestão de projetos uma natureza colaborativa, isto é, propõe compreender a internacionalização como o resultado das práticas de incentivo à participação das partes. Logo, visa mostrar aos funcionários e às partes externas que o projeto é positivo e contribuirá para o crescimento de todos, e não apenas da própria empresa. Segundo Junior (2017), trata-se de

> uma ferramenta visual que possibilita o planejamento do projeto inteiro em um só documento, de uma única página. A simplicidade do modelo parte do princípio de que a elaboração de um novo projeto deve estar norteada pelas perguntas: Por quê? O quê? Quem? Como? Quando? E quanto? As respostas dessas questões embasam o ponto de partida para a criação do diagrama de Canvas.
>
> Os benefícios mais evidentes são:
> - manutenção do foco da equipe em objetivos mensuráveis que levam a metas maiores;
> - melhores representações visuais de todo o projeto, otimizando a compreensão de cada uma das etapas.
>
> Esse caráter intuitivo da metodologia beneficia as organizações que têm dificuldade de elaborar um plano de projeto.

Portanto, trata-se de uma simplificação visual para que todos os envolvidos possam entender em que parte se encaixam no projeto e como ele poderá ser positivo. Com essa ferramenta, torna-se possível incentivar a participação e motivar contribuições sem a segmentação excessiva de informações exclusivas para cada setor ou para profissionais que não se comunicam – o que pode gerar muitos erros. Essa prática de gestão, contudo, seria mais um sumário das atividades às partes (funcionários e negociadores externos) e demandaria estratégias complementares que já mencionamos para avaliar riscos mais pontuais à projeção internacional.

No Quadro 5.1, a seguir, é possível identificar algumas das principais ferramentas de gestão que favorecem a internacionalização na hora de gerir uma empresa.

Quadro 5.1 – *Ferramentas de gestão que favorecem a internacionalização*

Ferramentas de gestão	Natureza predominante	Principais características
Pest	Externa	Avalia variáveis políticas, econômicas, sociais e tecnológicas, como de países e mercados estrangeiros, para efetivar negócios.
5W2H	Mista	Avalia recursos, partes, processos, custos e viabilidades de projetos de negócios, tanto da própria empresa quanto de parceiros.
PDCA	Interna	Avalia as próprias capacidades e os desafios da empresa para que seu desempenho melhore e, consequentemente, seus projetos logrem êxito.
PMBOK	Interna	Avalia riscos internos e externos, buscando integrar recursos, áreas, ferramentas, técnicas e habilidades da empresa para alcançar êxito em seus projetos.
KPI	Interna	Avalia por métricas o desempenho interno da empresa.
PM Canvas	Mista	Expõe as estratégias e a gestão da empresa para seus setores internos de forma ampla, conscientizando os funcionários sobre o caminhar da empresa nos cenários interno e externo.

Esse quadro resume o exposto para que você compreenda objetivamente o uso de cada ferramenta. É importante que você identifique a natureza predominante dessas ferramentas, na medida em que elas são essencialmente utilizadas para avaliar questões internas ou externas à empresa. *Interno* e *externo* aqui não se refere a "doméstico" e "internacional", mas aos âmbitos interno de funcionamento da empresa e externo de relações com terceiros, sendo que a natureza externa pode ser tanto o mercado nacional quanto o internacional.

No caso da Análise Pest, contudo, fica evidente sua característica internacional no âmbito externo de avaliação. Por isso, ela é uma das mais utilizadas nas estratégias de internacionalização por exportação direta, cooperativa ou *joint venture*.

Já no que diz respeito às capacidades dinâmicas à internacionalização, podemos entendê-las como as capacidades que as empresas têm internamente de administrar seus recursos para a internacionalização de seus negócios. Nem toda capacidade dinâmica de uma empresa serve para aplicar estratégias de internacionalização. No entanto, a presença de algumas delas pode favorecer o trabalho do *trader* em implementar um bom plano de internacionalização. Segundo Tripoli (2019, p. 37):

> Foi a partir do artigo "Dynamic capabilities and strategic management", publicado em 1997 no "Strategic Management Journal", de autoria de Teece, Pisano e Schuen o termo capacidade dinâmica ficou conhecido. [...] As Capacidades Dinâmicas podem ser compreendidas como um mecanismo de gestão, possibilitando novas combinações organizacionais, funcionais e tecnológicas, com o objetivo de compreender, explorar e consolidar as competências específicas da empresa.

Como Tripoli comenta, diversos autores compreendem que as capacidades dinâmicas abrangem desde recursos e processos estratégicos para moldar competências funcionais, até o conjunto de habilidades, comportamento e rotinas que contribuem para os processos da empresa/instituição (Tripoli, 2019). Dessa forma, as capacidades não seriam a capacidade de produção de produtos de uma indústria, mas as competências que ela detém sobre recursos diversos, como o conhecimento dos gestores sobre o atual cenário do mercado ou a capacidade de os funcionários serem treinados para novas tarefas e negócios, por exemplo. Nem toda capacidade dinâmica leva à internacionalização, mas as estratégias de internacionalização podem ser construídas com base nas capacidades dinâmicas existentes na empresa. Por exemplo, os cenários em que a empresa se insere merecem destaque por definirem muitos aspectos, como define Tripoli (2019, p. 30-31):

> A busca pela internacionalização de empresas brasileiras deve ser baseada em alguma estratégia. A definição da estratégia a ser usada pela empresa pode variar em função da Indústria que ela atua e outras condições intrínsecas e extrínsecas a empresas. [...] Neste cenário, as Capacidades Dinâmicas têm grande relevância visto as mudanças tecnológicas serem rápidas e sistêmicas e apontam a necessidade de incorporar o papel do dinamismo do ambiente à determinação da vantagem competitiva e, principalmente, o modo como as empresas reagem a esse dinamismo ao longo do tempo.

Ao considerar uma internacionalização, os gestores devem ter consciência dos cenários em que estão inseridos, como o internacional, o dos concorrentes estrangeiros e o dos costumes do público-alvo. Quando uma empresa tem a capacidade dinâmica de escanear mercados e concorrentes nacionais, já se encontra na metade do caminho para que os instrumentos da organização se adequem para escanear os concorrentes estrangeiros. Então, quais seriam essas capacidades dinâmicas? Tripoli (2019) elenca algumas das principais que podemos encontrar na literatura, como é possível observar no Quadro 5.2, a seguir.

Quadro 5.2 – *Tipos de capacidades dinâmicas propostas e empregadas na literatura*

Tipos genéricos de recursos dinâmicos	Conceitos / variáveis e referencias
1) Observação e avaliação externa	› Capacidade de escanear o ambiente para avaliar os mercados e concorrentes. Vigilância de mercados e tecnologias Teece et al. (1997) › Disposição para adotar as melhores práticas (avaliação comparativa) Teece et al. (1997), Eisenhardt e Martin (2000) › Capacidade integrativa externa Kickul e Liao (2004), Madsen et. al (2006) › Capacidade de geração de ideias McKelvie e Davidsson (2006) › Sentindo e interpretando o ambiente Coh et al. (2005) › Avaliação de alternativas estratégicas Teece et al. (1997) › Capacidades de alinhamento do caminho estratégico (estrutura/quadro de governança) Borch e Madsen (2007) › Reconfiguração externa e capacidade de integração Borch e Madsen (2007)

(continua)

(Quadro 5.2 – continuação)

Tipos genéricos de recursos dinâmicos	Conceitos / variáveis e referencias
2) Renovação interna de recursos	› Coordenação e integração interna Teece et al. (1997) › Patching (adicionar, combinar e dividir) Eisenhardt e Martin (2000) › Reconfiguração de conhecimento – Verona e Ravasi (2003) › Rotinas de desenvolvimento de produtos de Eisenhardt e Martin (2000) › Capacidade de desenvolvimento de novos produtos – McKelvie e Davidsson (2006) › Nova capacidade de desenvolvimento de processos – McKelvie e Davidsson (2006) › Capacidade de disruptividade de mercado McKelvie e Davidsson (2006) › Capacidades integrativas internas Kickul e Liao (2004) › Capacidades inovadoras Kickul e Liao (2004) › Desenvolvimento de ofertas especializadas Coh et al. (2005) › Reconfigurando competências de mercado Rindova e Taylor (2002) › Responsividade do mercado Griffith et al. (2006) › Capacidade dinâmica Sher e Lee (2004) › Ganho e liberação de recursos Eisenhardt e Martin (2000) › Processo de P. e D. de Zollo e Winter (2002) › Descentralização e independência local (delegação) Teece et al. (1997) › Rotinas estratégicas de tomada de decisão (gestão) Eisenhardt e Martin (2000)
3) Aquisição de recursos externos	› Rotinas de Aliança e Aquisição de Recursos Eisenhardt e Martin (2000) › Reconfigurando competências de mercado Rindova e Taylor (2002) › Coordenação e integração externas (colaboração) Teece et al (1997) › Replicação e intermediação Eisenhardt e Martin (2000) › Integração pós-aquisição Zollo e Winter (2002) › Criação e absorção de conhecimento Verona e Ravasi (2003) › Integração de competências externas Coh et al. (2005) › Recursos de aquisição de recursos Borch e Madsen (2007) › Aprendendo capacidades de rede Borch e Madsen (2007) › Recrutamento de gerentes e *expertise* Rindova e Taylor (2002)

(Quadro 5.2 – conclusão)

Tipos genéricos de recursos dinâmicos	Conceitos / variáveis e referencias
4) reconfiguração de recursos internos	› Reconfiguração e transformação Teece et al. (1997) › Integração de conhecimento Verona e Ravasi (2003) › Rotinas de criação de conhecimento Eisenhardt e Martin (2000) › Rotinas de alocação de recursos Eisenhardt e Martin (2000) › Reestruturação e reengenharia Zollo e Winter (2002) › Atualizando o recurso de gerenciamento Rindova e Taylor (2002) › Aprendizagem (repetição e experimentação) Teece et al. (1997) › Capacidade de integração de recursos internos Madsen et. al (2006) › Capacidade de flexibilidade interna Borch e Madsen (2007) › Contato com instituições de P. e D. (por funcionários) Eisenhardt e Martin (2000)

Fonte: Tripoli, 2019, p. 37-38.

Dessa forma, os quatro grupos (ou tipos) de capacidades dinâmicas apontadas pela autora devem ser identificados em uma empresa para, então, se reconhecer quais potencializam as estratégias de internacionalização. Em uma empresa, é importante perceber as capacidades: de avaliar o cenário que sempre muda (capacidades dinâmicas de avaliação); de se adaptar a novas dinâmicas de produção, mercado e público-alvo, bem como de absorver novos recursos e ideias para a gestão (capacidades dinâmicas de renovação); de angariar recursos externos à empresa – como redes de contatos ou patrimoniais (capacidades dinâmicas de aquisição); e de adquirir conhecimentos, treinamento e fomento dos funcionários (capacidades dinâmicas de reconfiguração dos recursos internos).

Tripoli fez exatamente isso, assim como outros antes dela. Em sua tese, a autora conseguiu identificar quais capacidades dinâmicas mais se relacionavam com as estratégias de internacionalização de vinícolas brasileiras. O resultado encontrado aproximou as capacidades de aprendizagem e de avaliação e adaptação aos mercados ao sucesso das práticas de exportação direta das vinícolas (Tripoli, 2019). Agora, consideremos uma situação em que se utilize uma estratégia de exportação direta, mas a empresa tem pouca ou nenhuma capacidade de aprender e de se adaptar a novos mercados e à produção de produtos readequados ao público-alvo estrangeiro. Os resultados não serão bons. Por isso, é importante o *trader* fazer uma avaliação da empresa em que atuará.

Em uma empresa, é possível incentivar os gestores a avaliarem novos cenários. A pergunta norteadora seria: A organização dispõe de mecanismos de comunicação e treinamento dos funcionários? Se sim, é recomendável utilizar essa capacidade para treiná-los a lidarem com parceiros internacionais. Quanto à produção, a pergunta seria: A qualidade do produto ou serviço está boa o suficiente para competir com os produtos estrangeiros em mercados mundiais? Tais questões expõem as capacidades dinâmicas de uma empresa que o *trader* deverá levantar. O quadro anterior ajuda a identificar diversas capacidades, mas as que se enquadram nas estratégias particulares desse profissional deverão ser a representação de uma avaliação pessoal e individualizada para cada caso.

Agora que explicamos o que são capacidades dinâmicas e quais seus quatro grupos, podemos avaliar empresas e seus planos estratégicos de internacionalização. Isto é, quando uma empresa se internacionaliza, torna-se possível observar quais capacidades dinâmicas determinaram/predominaram nas escolhas e nos resultados da internacionalização.

Da mesma forma, é possível avaliar quais capacidades dinâmicas devem ser aperfeiçoadas ou inseridas na empresa para alcançar melhores resultados. O ideal seria que toda instituição tivesse o máximo de capacidades dinâmicas possível, mas nem sempre isso ocorre, tanto por questões de recursos quanto pela natureza da empresa. De qualquer modo, certamente, com o profissional *trader*, as capacidades de avaliação de cenários e as de reconfiguração dos recursos internos serão mais facilmente desenvolvidas junto ao mercado internacional.

5.2 Marketing da internacionalização: imagem, identidade e visibilidade internacionais

Quando se ultrapassa a etapa da gestão interna e se foca na etapa da projeção externa e da execução da internacionalização, a preocupação passa a ser com a produção, o marketing, a logística e as vendas internacionais. Atreladas a todas essas atividades, encontra-se a imagem, a identidade e a visibilidade da marca e da confiança de sua empresa. E o que isso quer dizer? Significa que se algo der errado durante a execução (produção, marketing, logística e vendas), a imagem e a confiabilidade diante do mercado estarão sob risco, o que poderá prejudicar negócios futuros, especialmente se se tratar de uma PME com poucos recursos para se reerguer.

No que respeita à **produção**, é importante identificar se os recursos para a produção do produto ou serviço estão acessíveis, se o preço irá variar e se isso já foi calculado, se a mão de obra e as ferramentas de que dispõe a empresa serão suficientes para produzir a quantidade acordada, se as legislações local e exterior estão sendo respeitadas no ato da produção, se as embalagens estão de acordo com regras de rótulos, idiomas e armazenamento etc. Com esses cuidados, a qualidade do produto ou serviço estará garantida e não impactará negativamente a imagem da empresa internacionalmente.

Quanto ao **marketing**, é importante avaliar se o contrato está correto, se os mercados foram estudados, se as propagandas e os demais posicionamentos dos produtos e serviços estão adequados à cultura e aos valores externos etc.

No âmbito da **logística**, é fundamental verificar se os modais são os mais adequados ao armazenamento e à integridade dos produtos, se contam com os seguros e pagamentos corretos (*incoterms*), além de avaliar perigos humanos e naturais das rotas e identificar se toda a parte burocrática de parametrização e liberação de mercadorias foi/será cumprida com sucesso.

Por fim, é necessário reconhecer se as **vendas** ocorrerão como o esperado diante da estratégia adotada (franquia, *joint venture*, licença etc.), se os representantes ou estabelecimentos de venda cumprirão o acordado, se os pagamentos estão preestabelecidos e assegurados pelas instituições financeiras ou outros meios, bem como se os custos finais ficaram dentro da margem de cálculo. É importante lembrar que muitas nações praticam o câmbio fixo, mas outras, como o Brasil, operam em câmbio flutuante, e por isso as vendas precisam ter uma gestão de todas as partes e seus pagamentos preestabelecidos. Para evitar riscos nesse sentido, é sempre bom considerá-los na etapa da negociação da margem de reservas – não se deve manter apenas os recursos esperados; sempre busque obtê-los em sobra ainda na etapa da negociação.

Tais cuidados são importantes, pois a imagem emitida para o exterior impactará tanto os negócios futuros quanto os investidores e sócios. Suponhamos um caso em que se enfrenta uma negociação complicada internacionalmente. Logo, a imagem (isto é, como a empresa é vista) pode ter se desgastado, mesmo que a identidade (valores e essência) não condiga com aquela prática errônea. Isso resultará em uma visibilidade momentânea negativa, tanto para fora (mercados) quanto para dentro (nossos investidores e apoiadores). Como sabemos, mesmo que seja algo momentâneo, o mercado reage rápido, e a empresa pode sair perdendo muito e rapidamente. Por conta disso, mais do que se preocupar com os riscos externos, é primordial também avaliar o quanto tais riscos impactarão a vida empresarial no cenário doméstico, caso uma projeção/execução internacional não saia como planejado. A imagem e a confiabilidade de uma empresa são tudo para o mercado de investidores e dos consumidores, como evidenciaremos na próxima seção.

5.3 Criação de projetos de internacionalização

Agora que já apresentamos ferramentas de gestão interna e explicamos a importância da imagem e da credibilidade da instituição a ser internacionalizada, decidimos nesta seção explicitar a criação de projetos de cooperação com agentes estrangeiros e um projeto de etapas comuns na exportação e importação. Ainda que de forma simplificada e objetiva, não detalharemos um modelo a ser aplicado em todas as situações, mas apontaremos um primeiro passo para montar propostas e apresentá-las futuramente no mercado e para instituições interessadas no assunto. Contudo, caso se busque importar e exportar, os procedimentos seguem outro trâmite, que demonstraremos adiante. Antes de mais nada, na criação de um projeto para parcerias e de cooperação internacional, é preciso preencher o quadro a seguir:

Quadro 5.3 – *Modelo simplificado de proposta de projetos*

Tema: Detalhar título, delimitação de área.
Objetivo(s): Elencar todos os objetivos a serem alcançados com a execução do trabalho.
Justificativa: Explicar em que esse projeto se diferencia dos demais e quais lacunas ele preenche/resolve.
Processo de execução: Descrever detalhadamente as etapas e o que ocorrerá em cada uma delas. Cuidado para não se esquecer de inserir a etapa de avaliação dos resultados e a prestação de contas com os parceiros e demais envolvidos.
Resultados esperados: Citar quais são os benefícios do projeto para o interesse público/demanda atendida e quais cotas e/ou contrapartidas as partes envolvidas receberão.
Recursos necessários: Detalhar recursos materiais (aluguéis de salas e equipamentos, folhas, transportes etc.) e humanos (quais e quantos funcionários, voluntários e colaboradores estarão envolvidos).
Custos: Estimar custos dos recursos, dos pagamentos de funcionários (incluindo o seu como gestor), cartoriais, das taxações e dos impostos, além dos custos, se for o caso, da conversão cambial.
Parcerias: Referir instituições patrocinadoras (que financiarão), colaboradoras (que cooperarão), apoiadoras (que cooperam e permitem, como no caso de órgãos governamentais e prefeituras, a realização de determinadas ações públicas) etc.
Cronograma: especificar o que será realizado em cada período (se o projeto durar um ano ou mais, identificar por meses; se durar uma semana, identificar por dias etc.). Projetos internacionais costumam ser desenvolvidos em cinco fases: elaboração; captação de recursos; execução do projeto; prestação de contas; e análise dos resultados.

Esse modelo é simplificado e objetivo, mas reúne os principais eixos envolvidos com a elaboração de propostas de parcerias em conjunto com outras PMEs, ONGs e instituições estrangeiras. Salientamos que aqui não estamos tratando de contratos entre empresas, mas de parcerias de ação cooperativa, ou seja, quando duas instituições ou mais se aliam para executar uma proposta que poderá fomentar interesses e ganhos paralelos próprios.

Para que fique mais claro, vamos trazer um exemplo-fantasia: uma empresa brasileira atua no ramo de consultoria de exportações, mas agora pretende expandir os negócios para Portugal, oferecendo serviços para os portugueses que queiram exportar para o Mercosul. Inicialmente, a empresa poderia optar por uma parceria comercial com outra empresa nesse país ou até abrir uma filial, mas decide que antes precisa entender melhor o mercado português. Assim, programa um ciclo de eventos em cooperação com instituições locais.

Nesse projeto, o **tema** consiste em realizar ciclo de palestras sobre comércio exterior em câmaras de comércio Brasil-Portugal, bem como em universidades com cursos de comércio, e, sempre que possível, promover no Brasil feiras com estandes de produtos portugueses voltados para os brasileiros. O **objetivo** é ampliar os laços entre os comerciantes sul-americanos e portugueses, favorecendo todo um setor (empresas de logística, bancos, consumidores, investidores, produtores etc. ganharão com esse aumento comercial). Na **justificativa**, deve-se mostrar aos portugueses que os mercados do Mercosul estão saindo da crise, e que agora é o momento ideal de investir nesse mercado, bem como indicar aos sul-americanos as potencialidades dos produtos e dos serviços portugueses que podem favorecer o desenvolvimento local.

No **processo de execução**, é preciso expor que as palestras ocorrerão com dois a três palestrantes, com brasileiros e portugueses presentes, dando preferência para professores e acadêmicos, bem como consultores e políticos experientes, a serem realizadas nas datas x, y e z, bem como nos locais x, y e z, respectivamente. A instituição se comprometerá em ofertar os recursos x, y e z e precisará que as parcerias se responsabilizem por x, y e z. Dessa forma, será possível alcançar, em conjunto, os **resultados esperados**, que são o interesse comercial entre instituições de ambas as partes e, como instituições promovedoras do evento, os ganhos paralelos com o aquecimento futuro do comércio, sendo que o mercado tenderá a se lembrar das empresas parceiras para administrar os serviços comerciais (o projeto não representa a oferta de serviços, mas a conscientização das potencialidades de mercado).

Para sua execução, os **recursos necessários** são relativos a transportes, palestrantes, hotéis, diárias, material de divulgação, funcionários especialistas em x, y e z etc. Os **custos** podem ser apresentados em uma tabela, assim como as responsabilidades financeiras ou de apoio de cada instituição envolvida. Nessa tabela, são apresentadas também as possíveis **parcerias** e os motivos de elas terem sido convidadas, bem como a justificativa do convite – por que elas são importantes para o projeto e como elas podem contribuir, além de se especificar em que elas ganharão com os resultados do projeto (cotas, contrapartidas, ganhos futuros como o nosso etc.). Por fim, tudo deve ser incluído em um modelo de **cronograma** das atividades. Esse projeto pode ser apresentado em diversos eventos, e seus custos devem ser calculados em moeda corrente, para que, ao final, se prestem contas para a sociedade e todos os envolvidos.

No caso da internacionalização comercial por projetos de exportação/importação diretas, seguem-se as etapas tradicionais:

> identificação do mercado;
> preparação interna da instituição;
> busca de clientes/parcerias estrangeiras;
> negociação dos termos e assinatura dos contratos de intenção de compra/venda, com a definição das formas de pagamento;
> envio;
> desembaraço aduaneiro.

Nesse caso, não existe a necessidade de elaborar um projeto para apresentar à outra parte. A exigência é demonstrar o produto, o serviço ou os próprios interesses. Antes da apresentação à parte estrangeira, porém, deve-se reconhecer se internamente a instituição já está preparada e concorda com a estratégia de internacionalização a ser negociada. Perceba que as estratégias de internacionalização ganham ênfase nas etapas de identificação do mercado estrangeiro, na preparação interna da instituição para atender aos negócios futuros e à comunicação com o estrangeiro e no tipo de negócio que resultará a partir da etapa de negociação.

Como mencionamos, a **identificação do mercado** pode seguir teorias com enfoque de mercado – um bom lugar para investir, boa clientela, menos concorrência – ou com enfoque organizacional – baseadas no conhecimento e na rede de contatos em determinadas regiões do mundo que diminuam a percepção de riscos e fomentem o empreendedorismo.

A **preparação da instituição** tem relação com a capacidade de providenciar ferramentas de gestão de qualidade pessoal sobre os ciclos de produção e outros que serão objetos da negociação, bem como com a boa utilização das tecnologias, especialmente para expor pontos positivos da instituição e outros dados relevantes para atrair a confiança do agente/cliente estrangeiro.

Já na etapa da **negociação direta** com clientes ou parceiros comerciais, cabe avaliar ferramentas de negociação, dimensões culturais e outras informações que possam interferir na comunicação e na execução processual dos documentos de contrato. Para pagamento, por exemplo, uma das principais formas contratadas é a carta de crédito, por meio da qual os bancos assumem a responsabilidade do pagamento após avaliarem as partes em questão, sendo que a logística assumirá as responsabilidades a partir do *incoterm* definido (seguro e entrega) no contrato. Dessa forma, seguem os processos tradicionais de importação e exportação. Vale ressaltar que nessa etapa de negociação ainda podem ocorrer outras estratégias que não a exportação, como acordos de franquias, *joint ventures* e outras.

5.4 *Qualificação e gestão de pessoal na internacionalização*

Chegamos ao momento em que trataremos da qualificação profissional dos envolvidos na internacionalização, especialmente para lidarem com as partes estrangeiras em negociação. O *trader* tem de estar apto para as funções de internacionalizar a instituição. Entretanto, caso monte uma equipe, será importante desenvolver as seguintes habilidades: domínio de idiomas; domínio jurídico internacional; negociação internacional; processos de importação e exportação; logística internacional; domínio cambial e de economia política; sistema financeiro internacional e de investimentos; e gestão de recursos.

No âmbito dos idiomas, é fundamental que o profissional, mesmo que não seja fluente, desenvolva ferramentas linguísticas instrumentais. Isso significa que ele precisa fazer cursos de aperfeiçoamento, como inglês instrumental para negociação e nas áreas específicas do setor de seu produto/serviço. Também é interessante padronizar *e-mails* e assinaturas em outros idiomas, a fim de facilitar o contato e evitar mal-entendidos em mensagens e telefonemas. É sempre bom garantir protocolos de atendimento em dois ou mais idiomas, ainda que o inglês seja uma língua franca. Outro aspecto relevante a esse respeito é que são comuns alguns erros, especialmente com símbolos. Por exemplo, no Brasil escrevemos um mil dólares ou reais assim: 1.000,00. Já os estadunidenses escrevem um mil assim: 1,000.00. As vírgulas ficam no lugar inverso dos pontos. Por isso, é preciso tomar cuidado no momento de instruir os funcionários com relação à comunicação.

O domínio jurídico internacional permite tirar dúvidas e obter informações em embaixadas, consulados e câmaras de comércio dos países pra os quais se pretende projetar internacionalmente. Também já mencionamos as responsabilidades sociais e ambientais. Para a formação profissional, é interessante fazer cursos nas áreas de direito internacional público (tratados, regimes internacionais, direitos humanos, cidadania) e direito internacional privado (contratos, direitos empresariais, investimentos e comércio internacional). Além disso, vale a pena desenvolver capacidades de eficiência no trabalho com as burocracias nacional e internacional, como preenchimentos de planilhas fiscais governamentais (entre eles o Siscomex e o Siscoserv, no Brasil).

Com relação à negociação internacional, chamamos atenção para a capacitação das qualidades de um bom negociador, como a oratória, o equilíbrio entre assertividade e receptividade, o respeito à interculturalidade, ao cerimonial e a protocolos. Também é necessário capacitar o funcionário na compreensão dos ganhos absolutos (conseguir o máximo possível em uma negociação, o que pode desgastar as partes) e ganhos relativos (em que todas as partes ficam satisfeitas com os ganhos, ainda que nenhuma tenha alcançado tudo o que esperava). É válido estudar os métodos de negociação da Escola (método) de Harvard (não desgastar a outra parte na negociação e nem vê-la como inimiga, mas como meio para obter ganhos mútuos), dentre outros cursos e orientações. O trabalho do negociador é sempre em equipe e, por isso, também precisa desenvolver capacidades cognitivas e emocionais nas mais variadas situações.

Sobre os processos de comércio internacional (importação e exportação), é imprescindível dominar toda a burocracia, os tipos de pagamento, seguros, contratos e serviços, bem como os canais fiscais e monetários. Já a logística não significa apenas terceirizar o frete, mas saber escolher qual é o modal mais barato, seguro e eficaz para a relação de venda. Também é necessário compreender a logística contínua (ou seja, a logística reversa), que precisa planejar não apenas o transporte, mas também o uso e o fim adequado de todos os recursos e materiais utilizados no processo (embalagens, baterias, combustíveis etc.) para que o impacto ambiental seja o menor possível.

Por fim, tem de se desenvolver na equipe o conhecimento de cálculos cambiais e de riscos de investimentos financeiros, além da percepção de como o mercado se comporta e quais são os indicadores favoráveis ao setor específico de atuação que justificam os riscos de uma projeção internacional. Dessa forma, é preciso estar sempre atento às notícias da economia política internacional, das bolsas de valores e das variações monetárias, de investimentos e da saúde do sistema financeiro internacional. Lembre-se de que, em alguns casos, os períodos de crise são os melhores para crescer nos negócios.

5.5 Monitoramento de resultados

Chegamos à última seção da obra, na qual evidenciamos que o monitoramento dos resultados se mostra tão importante quanto o bom planejamento da internacionalização de uma PME. É preciso ter em mente que conhecer as consequências de cada ato favorece novos planejamentos sem os mesmos erros ou com menores custos. Além disso, mais do que ganhar experiência, pode-se criar portfólios para futuras parcerias, demonstrando o que já foi alcançado e, assim, valorizar a situação para investidores e fluxos de negócios interessados. Os resultados devem ser monitorados em diversos âmbitos, mas são três os mais importantes: (1) monitoramento das partes com as quais se negocia; (2) a imagem da empresa/produto/serviço no mercado; e as consequências diante das concorrentes e dos demais agentes relevantes no mercado.

No que concerne às partes com que a empresa negocia, deve-se manter sempre em funcionamento os canais de contato. É recomendável criar formulários de satisfação (*surveys*), promover reuniões para sanar dúvidas e fornecer orientações quanto ao bom funcionamento dos produtos e serviços. Também é aconselhável desenvolver ferramentas de retorno (*feedback*) no *site* da empresa, que ofereçam a possibilidade de promover melhorias como provedores de produtos e serviços. Muitas empresas até investem na capacitação de seus consumidores e parceiros para melhor representar a marca ou tirar o melhor proveito dos serviços e produtos a eles oferecidos. Com isso, passa-se ao segundo monitoramento.

O segundo monitoramento refere-se à imagem da empresa/produto/serviço no mercado. É necessário detectar quais valores afetivos, simbólicos e legais permeiam a introdução deles no mercado externo. Mesmo que seja um produto muito comum, é importante saber como ele está sendo ofertado ao público e se outros aspectos podem ser melhorados, como armazenamento e embalagem. Sendo assim, sabemos que o marketing não termina na venda. É preciso garantir tanto a qualidade dos produtos/serviços quanto seu aperfeiçoamento e, quase sempre, sua adaptação constante às novas demandas do público-alvo. Sob essa ótica, é comum que existam empresas que produzem o mesmo produto, mas com rótulos diferentes para atender às mudanças da diversidade cultural e de consumo internacional de cada nação.

Por fim, há as consequências diante de concorrentes e demais agentes relevantes no mercado. Sempre é importante lembrar que não se está sozinho no mercado, especialmente no internacional. Além de lidar com a concorrência doméstica, a empresa que se internacionaliza tem de enfrentar a concorrência estrangeira. Logo, as atividades precisam ser monitoradas no que diz respeito à concorrência para que o produto/serviço se mantenha competitiva e seja a primeira escolha do mercado. A competitividade advém tanto de situações sobre as quais se tem controle quanto com relação às que não se pode controlar.

Situações passíveis de controlar no que respeita à competitividade dizem respeito a agregar maior valor e diminuir custos de produção, por meio de tecnologias e mão de obra qualificada, ou encontrar recursos mais baratos. Já as situações que não podem ser controladas se referem ao controle das políticas tarifárias, como as praticadas pelos governos, que frequentemente estabelecem alíquotas (valores) de impostos de importação sobre produtos de acordo com seus interesses. A liberalização comercial pode favorecer a inserção de determinados produtos. Contudo, não se deve acreditar que mercados liberalizados, em uma jogada de governo, alterem a política fiscal e que, por isso, se perderá a competitividade.

Dessa forma, é importante manter o registro, o controle e o monitoramento de todas as atividades desenvolvidas, mesmo após os contratos já terem sido cumpridos plenamente. Uma boa relação entre as partes pode garantir o que já mencionamos: redes de contatos, denominadas *networks*. Existem outros índices a serem monitorados, mas como a natureza de cada produto e serviço comercializado muda, sempre será preciso compreender as peculiaridades de cada projeto de internacionalização pelos quais se é responsável.

Para saber mais

É interessante dominar um pouco mais as estratégias de internacionalização. Por isso, leia o artigo indicado a seguir, que versa sobre o ciclo da logística reversa, que perpassa a elaboração, a execução e o monitoramento das etapas de comércio de produtos.

> SENADO FEDERAL. Logística reversa envolve indústria, comerciante e consumidor. **Em Discussão!**, n. 22, set. 2014. Disponível em: <https://www12.senado.leg.br/emdiscussao/edicoes/residuos-solidos/realidade-brasileira-na-pratica-a-historia-e-outra/logistica-reversa-envolve-industria-comerciante-e-consumidor>. Acesso em: 16 nov. 2020.

Síntese

Neste capítulo, explicamos que a formação de pessoal e sua capacitação são tão importantes quanto a escolha de ferramentas de gestão para a elaboração de projetos de internacionalização. Também identificamos as possibilidades referentes ao monitoramento de resultados, bem como em relação à avaliação de riscos, a fim de identificá-los antes que possam prejudicar a imagem e a visibilidade da empresa.

Com isso, finalizamos o conteúdo sobre internacionalização, mas esperamos que você busque tantas fontes e materiais possíveis sobre o tema, para se tornar um excelente *trader* e, além de criar projetos de internacionalização, avaliar projetos propostos por terceiros e guiar equipes e outras empresas a encontrar as diversas oportunidades que existem no cenário internacional.

Questões para revisão

1. Explique a importância da confiança do mercado sobre sua empresa no processo de internacionalização. Leve em consideração as responsabilidades ambientais.
2. Como ocorrem as etapas gerais de internacionalização por comércio? Identifique em qual delas é possível apresentar à outra parte a estratégia de internacionalização (exportação, franquia, *joint venture* etc.).
3. Assinale a alternativa que expressa o significado da Análise Pest na avaliação de riscos de investimentos e internacionalização:

    a) Público, estadual, social e trabalho.
    b) Pessoal, experimental, sistêmico e *trade*.
    c) Pontualidade, empatia, socialização e *trade*.
    d) Político, econômico, social e tecnológico.
    e) Processual, exportação, seguros e temporal.

4. Assinale a alternativa que completa corretamente a sentença a seguir: Diante dos processos de internacionalização, a última etapa não acaba na negociação, mas devemos sempre...

    a) ... monitorar os resultados.
    b) ... abandonar os resultados.

c) ... iniciar a arbitragem até desgastar as partes.
d) ... explorar ao máximo os recursos naturais.
e) ... aumentar a distância psíquica entre as partes.

5. Quando se pretende criar um projeto de internacionalização por parceria, por *joint ventures* ou para executar um projeto de serviços, é preciso definir alguns pontos para que a outra parte compreenda melhor. Assinale a alternativa correta que apresenta quais pontos são esses:

   a) Siscomex, Siscoserv e Receita Federal.
   b) Resultados esperados, recursos envolvidos e custos das partes.
   c) Distância psíquica, 5S e Dilema de Dunning.
   d) Ganhos absolutos, língua franca e paradiplomacia.
   e) Análise Pest, Análise SWOT e carta de crédito.

Considerações finais

AO LONGO DESTE LIVRO, NOSSO MAIOR INTUITO FOI possibilitar a compreensão da internacionalização como uma dinâmica que não existe ao acaso, mas que é resultado de estratégias, preparação e sensibilidade às oportunidades que o cenário internacional ofereça. A escolha em ser um *trader*, profissional que cuida da internacionalização de empresas, ou até mesmo um pesquisador ou internacionalista que visa projetar temas e instituições no cenário internacional, deve ser pautada em conhecimentos prévios considerando o cenário em que se está inserido e para onde se pretende caminhar.

Desde os conceitos teóricos sobre internacionalização, passando pelas perspectivas teóricas mais mercadológicas e as mais organizacionais, identificamos ferramentas para gerir projetos de comunicação e negociação com agentes estrangeiros. Tanto em uma internacionalização ativa quanto em uma receptiva, a instituição deve estar preparada, fazendo sua internacionalização começar dentro de casa, com a criação de *sites* bilíngues, corpo profissional preparado e domínio de estratégias, riscos, custos e responsabilidades de suas ações.

Para empresas de diversos tamanhos e naturezas, de mercadorias ou de serviços, de caráter privado ou de interesse público, as estratégias de internacionalização não se limitam à gestão interna ou ao tipo de negócio que será realizado – exportação, franquia, *joint venture*, ação cooperativa etc. Em verdade, estendem-se para etapas como o monitoramento dos resultados e as consequências de suas atividades para o meio ambiente e a sociedade, bem como para o bom uso das novas tecnologias como ferramentas que diminuem os custos e compõem um novo cenário de negócios internacionais.

Como desejo final ao leitor, reforçamos a ideia de que o mundo está cada vez mais interconectado e que hoje não se inserir nas relações internacionais não é uma escolha a fazer, pois todos já estamos inseridos nas dinâmicas internacionais. Por isso, basta que as organizações contem com um bom profissional que desperte gestores e empresas para usufruir das oportunidades que surgem a todo momento.

Lista de siglas

4P/4S	Produto, preço, promoção e praça; solução, serviço, sinceridade e seriedade
5W2H	*What? Why? Where? When? Who?; How? How much?* (O quê? Por quê? Onde? Quando? Quem?; Como? Quanto?)
Aladi	Associação Latino-Americana de Integração
Alalc	Associação Latino-Americana de Livre Comércio
Anvisa	Agência Nacional de Vigilância Sanitária
BNDES	Banco Nacional de Desenvolvimento Econômico e Social
Capes	Coordenação de Aperfeiçoamento de Pessoal de Nível Superior
CEF	Caixa Econômica Federal
CNPQ	Conselho Nacional de Desenvolvimento Científico e Tecnológico
Cofins	Contribuição para Fins Sociais

EaD	Ensino a Distância
HRW	Human Rights Watch (Vigília dos Direitos Humanos)
Ibama	Instituto Brasileiro do Meio Ambiente e dos Recursos Naturais Renováveis
ICC	International Chamber of Commerce (Câmara Internacional de Comércio)
ICMS	Imposto sobre Circulação de Mercadorias e Prestação de Serviços
IE	Imposto de Exportação
IED	Investimento estrangeiro direto
II	Imposto de Importação
IPI	Imposto de produto industrializado
KFW	Kreditanstalt für Wiederaufbau
KPI	*Key performance indicator*
MDIC	Ministério da Indústria, Comércio Exterior e Serviços
Mercosul	Mercado Comum do Sul
MRE	Ministério de Relações Exteriores
MSF	Médicos sem Fronteiras
NCM	Nomenclatura Comum do Mercosul
NEI	National export initiative (Iniciativa de Exportações Nacionais)
OCB	Organização das Cooperativas Brasileiras
OI	Organização internacional
OLI	Vantagens competitivas em propriedade, ou *ownership* (O); localização (L) e internalização (I)
OMC	Organização Mundial de Comércio
ONG	Organização não governamental

Peta	People for the Ethical Treatment of Animals (Pessoas pelo Tratamento Ético dos Animais)
PDCA	*Plan, do, check, act* (planejar, fazer, checar, agir)
Pest	Análise política, econômica, social e tecnológica
PIS	Programa de Integração Social
PMBOK	Project Management Body of Knowledge (Corpo de Conhecimento em Gestão de Projetos)
PM CANVAS	Project Model Canvas
PMES	Pequenas e Médias Empresas
Sebrae	Serviço Brasileiro de Apoio às Micro e Pequenas Empresas
Senac	Serviço Nacional de Aprendizagem Comercial
Senai	Serviço Nacional de Aprendizagem Industrial
Senar	Serviço Nacional de Aprendizagem Rural
Senat	Serviço Nacional de Aprendizagem do Transporte
Sesc	Serviço Social do Comércio
Sescoop	Serviço Nacional de Aprendizagem do Cooperativismo
Sesi	Serviço Social da Indústria
Sest	Serviço Social do Transporte
SWOT	*Strengths, weaknesses, opportunities, threats* (forças, fraquezas, oportunidades, ameaças)
TEC	Tarifa Externa Comum
UN-Habitat	Programa das Nações Unidas para os Assentamentos Humanos
WWF	World Wide Fund for Nature (Fundo Mundial para a Natureza)

Referências

ANDERSSON, S. The Internationalization of the Firm from an Entrepreneurial Perspective. **International Studies of Management and Organization**, v. 30, n. 1, p. 63-92, 2000.

BERNARDO, G. J.; MERCHER, L. Internacionalização como demanda: diálogo epistêmico internacional dos cursos de pós-graduação em Relações Internacionais e Ciência Política do Brasil: In: SEMINÁRIO DE PÓS-GRADUAÇÃO EM POLÍTICAS PÚBLICAS DA UFPR, 2., 2018, Curitiba. Disponível em: <https://eventos.ufpr.br/SPPP/II_SPPP/paper/viewFile/1335/513>. Acesso em: 11 nov. 2020.

BRASIL. Decreto n. 6.759, de 5 de fevereiro de 2009. **Diário Oficial da União**, Poder Executivo, Brasília, DF, 6 fev. 2009. Disponível em: <http://www.planalto.gov.br/ccivil_03/_ato2007-2010/2009/decreto/d6759.htm>. Acesso em: 11 nov. 2020.

BRASIL. Ministério da Economia. Receita Federal. **Drawback**. 10 jun. 2019. Disponível em: <http://idg.receita.fazenda.gov.br/orientacao/aduaneira/regimes-e-controles-especiais/regimes-aduaneiros-especiais/drawback>. Acesso em: 2 out. 2020.

BUCKLEY, P.; CASSON, M. **The Future of the Multinational Enterprise**. London: Palgrave Macmillan, 1976.

CANTONI, A. D. et al. Estratégias de marketing internacional adotadas no processo de internacionalização de franquias: um estudo de caso múltiplo no setor de vestuário. **Revista Brasileira de Marketing**, São Paulo, v. 18, n. 2, p. 19-53, abr./jun. 2019. Disponível em: <https://periodicos.uninove.br/remark/article/view/14888/7112>. Acesso em: 11 nov. 2020.

CASTRO, C. H. de. Análise PEST como ferramenta no processo de internacionalização das empresas. **SA Sobre Administração**. 23 ago. 2010. Disponível em: <http://www.sobreadministracao.com/analise-pest-como-ferramenta-no-processo-de-internacionalizacao-das-empresas/>. Acesso em: 11 nov. 2020.

CULPI, L. **Empresas transnacionais**. Curitiba: InterSaberes, 2017.

DUNNING, J. The Eclectic Paradigm of International Production: a Restatement and some Possible Extensions. **Journal of International Business Studies**, v. 19, p. 1-31, 1988. Disponível em: <https://link.springer.com/article/10.1057/palgrave.jibs.8490372>. Acesso em: 11 nov. 2020.

GAALEN, A. van; GIELESEN, R. Internationalisation at home: Dutch Higher Education Policies. In: JONES, E. et al. (Ed.). **Global Perspectives on Higher Education**: Global and local Internationalization. Rotterdam: Sense Publishers, 2016. p. 149-154.

GACEL-ÁVILA, J.; MARMOLEJO, F. Internationalization of Tertiary Education in Latin America and the Caribbean: latest progress and challanges ahead. In: JONES, E. et al. (Ed.). **Global Perspectives on Higher Education**: Global and Local Internationalization. Rotterdam: Sense Publishers, 2016. p. 141-148.

GENNARI, A.; ALBUQUERQUE, C. Globalização e reconfigurações do mercado de trabalho em Portugal e no Brasil. **Revista Brasileira de Ciências Sociais**, São Paulo, v. 27, n. 79, p. 65-79, 2012. Disponível em: <http://www.scielo.br/pdf/rbcsoc/v27n79/a05.pdf>. Acesso em: 11 nov. 2020.

HOFSTEDE, G. **Cultures and Organizations**: Software of the Mind – Intercultural Cooperation and its Importance for Survival. New York: HarperCollins, 1994.

HYMER, S. **Empresas multinacionais**: a internacionalização do capital. 2. ed. Rio de Janeiro: Graal, 1983.

INTERNACIONALIZAÇÃO. In: **Dicionário Brasileiro da Língua Portuguesa Michaelis**. Disponível em: <http://michaelis.uol.com.br/busca?id=G922R>. Acesso em: 11 nov. 2020.

JUNIOR, C. 5 ferramentas de gestão simples que não podem faltar em um projeto. **Project Builder**, 30 maio 2017. Disponível em: <https://www.projectbuilder.com.br/blog/5-ferramentas-de-gestao-simples/>. Acesso em: 11 nov. 2020.

KHAUAJA, D. M. R. **Gestão de marcas na estratégia de internacionalização de empresas**: estudo com franqueadoras brasileiras. 299 f. Tese (Doutorado em Administração) – Universidade de São Paulo, São Paulo, 2010. Disponível em: <https://www.teses.usp.br/teses/disponiveis/12/12139/tde-25022010-102112/publico/Tese_Daniela_Khauaja_Texto.pdf>. Acesso em: 11 nov. 2020.

KON, A. A internacionalização dos serviços. **Revista de Administração de Empresas**, Curitiba, v. 39, n. 1, 1999. Disponível em <http://www.fgv.br/rae/artigos/revista-rae-vol-39-num-1-ano-1999-nid-45182/>. Acesso em: 11 nov. 2020.

LEITE, Y. V. P.; MORAES, W. F. A. de. Facetas do risco no empreendedorismo internacional. **Revista de Administração Contemporânea**, Rio de Janeiro, v. 18, n. 1, p. 96-117, jan./fev. 2014. Disponível em: <https://www.scielo.br/pdf/rac/v18n1/a07v18n1.pdf>. Acesso em: 2 out. 2020.

MARTINS, M. **5 motivos para internacionalizar o seu negócio**. 13 dez. 2015. Disponível em: <https://www.linkedin.com/pulse/5-motivos-para-internacionalizar-o-seu-neg%C3%B3cio-marcos-martins>. Acesso em: 11 nov. 2020.

MERCHER, L.; PEREIRA, A. E. Paradiplomacia como política externa e política pública: modelo de análise aplicado ao caso da cidade do Rio de Janeiro. **Revista Carta Internacional**, Belo Horizonte, v. 13, n. 2, p. 195-222, 2018. Disponível em: <https://doi.org/10.21530/ci.v13n2.2018.790>. Acesso em: 11 nov. 2020.

MERCOSUL – Mercado Comum do Sul. **Saiba mais sobre o Mercosul**. Disponível em: <http://www.mercosul.gov.br/saiba-mais-sobre-o-mercosul>. Acesso em: 11 nov. 2020.

RUBIN, J. Nautical Musings on Local and Global Innovation and Change: the Disruptive Pedagogy of Coil. In: JONES, E. et al. (Ed.). **Global Perspectives on Higher Education**: Global and Local Internationalization. Rotterdam: Sense Publishers, 2016. p. 75-79.

RUIZ, F. M. **Estratégias de internacionalização de organizações não governamentais sem fins lucrativos**: um estudo multimétodo. 309 f. Tese (Doutorado em Administração de Empresas) – Fundação Getulio Vargas, 2012. Disponível em: <http://bibliotecadigital.fgv.br/dspace/handle/10438/9313>. Acesso em: 11 nov. 2020.

SANTANA, D. L. de; MENDES, G. A.; MARIANO, A. M. Estudo das dimensões culturais de Hofstede: análise comparativa entre Brasil, Estados Unidos e México. **C@LEA – Revista Cadernos de Aulas do LEA**, Ilhéus, n. 3, p. 1-13, nov. 2014. Disponível em: <http://periodicos.uesc.br/index.php/calea/article/view/2677/1907>. Acesso em: 11 nov. 2020.

SEBRAE – Serviço Brasileiro de Apoio às Micro e Pequenas Empresas. **Guia de orientação à internacionalização de franquias**. Disponível em: <http://www.bibliotecas.sebrae.com.br/chronus/ARQUIVOS_CHRONUS/bds/bds.nsf/d734772dda2fla7de3c205b604e900df/$File/5119.pdf>. Acesso em: 11 nov. 2020.

SILVA, C. C. V. e.; MÈRCHER, L. Internacionalização do ensino superior e distância psíquica: uma análise do caso UNINTER. In: SEMINÁRIO NACIONAL SOCIOLOGIA POLÍTICA, 7., 2016, Curitiba. **Anais...** Curitiba: UFPR, 2016. Disponível em: <https://www.academia.edu/36484368/Internacionaliza%C3%A7%C3%A3o_do_Ensino_Superior_e_a_Dist%C3%A2ncia_Ps%C3%ADquica_uma_an%C3%Allise_do_caso_UNINTER>. Acesso em: 11 nov. 2020.

SILVEIRA, V. B. da. **O jeito brasileiro de negociar**. 2 set. 2015. Disponível em: <https://www.catho.com.br/carreira-sucesso/colunistas/colunistas-convidados/o-jeito-brasileiro-de-negociar/>. Acesso em: 11 nov. 2020.

SOBRAL, F.; CARVALHAL, E.; ALMEIDA, F. O estilo brasileiro de negociar. **Revista Portuguesa e Brasileira de Gestão**, Lisboa, v. 11, n. 2-3, p. 84-94, 2012. Disponível em: <http://www.scielo.mec.pt/pdf/rpbg/v11n2-3/v11n2-3a08.pdf>. Acesso em: 11 nov. 2020.

SOUZA, H. R. dos S. et al. Internacionalização de cooperativas por meio da intercooperação. **Revista Estudo & Debate**, Lajeado, v. 24, n. 2, p. 192-210, 2017. Disponível em: <http://univates.br/revistas/index.php/estudoedebate/article/view/1303/1191>. Acesso em: 13 nov. 2020.

STUMPF, K. Riscos de mercado externo. **TopInvest**, 7 nov. 2019. Certificações financeiras. Disponível em <https://www.topinvest.com.br/riscos-de-mercado-externo/>. Acesso em: 13 nov. 2020.

TRIPOLI, A. C. K. **Capacidades dinâmicas e as estratégias de internacionalização de vinícolas brasileiras**. 125 f. Tese (Doutorado em Administração) – Universidade Positivo, Curitiba, 2019. Disponível em: <https://servicos2.up.edu.br/AplPublicacoes/Arquivos/2019%2011%2019%20ANGELA%20CRISTINA%20KOCHINSKI%20TRIPOLI.pdf>. Acesso em: 13 nov. 2020.

TRIPOLI, A. C.; PRATES, R. C. **Comércio internacional**: teoria e prática. Curitiba: InterSaberes, 2016.

VERNON, R. International Investment and International Trade in the Product Cycle. **Quarterly Journal of Economics**, v. 80, n. 2, p. 190-207, 1966.

Respostas

Capítulo 1

1. A tecnologia é importante nos dias atuais por reduzir custos, burocracia e facilitar a comunicação entre pessoas, empresas e instituições em todo o mundo.
2. Enfoque econômico ou de mercado e o enfoque organizacional ou comportamental. A principal diferença entre os dois está na ênfase que as teorias organizacionais e comportamentais dão às escolhas pessoais dos gestores, como decisões pautadas na distância psíquica, no assumir riscos e na rede de contatos (*network*).
3. c
4. a
5. a

Capítulo 2

1. Os desafios podem ser a burocracia, o idioma, a localização geográfica, os custos, o câmbio, a cultura, o despreparo e a falta de conhecimento sobre os procedimentos. A burocracia pode trazer consigo erros e impedimentos, aumentando a demora e os custos, se não for dominada. O idioma pode dificultar a comunicação com outras partes do mundo. A localização encarece o transporte de mercadorias para regiões mais ricas e distantes. Os custos e o câmbio no cenário brasileiro variam conforme a gestão política. A cultura nacional pode ser bastante distante de outras, como a chinesa, o que diminui a facilidade de comunicação e negociação. E o despreparo que pode dificultar a execução das etapas de internacionalização.
2. *Drawback* é um regime especial pelo qual o importador importa insumos, peças e outros produtos para agregar valor em sua produção e revender no mercado externo (exportar). Trata-se de um processo positivo, pois a empresa brasileira passa a exportar algo com maior valor agregado, resultando em divisas (impostos) para o governo brasileiro.
3. a
4. c
5. b

Capítulo 3

1. Questão aberta à aplicação do leitor. Um exemplo é: estratégia de exportação direta por cooperativas, em que os

custos de exportação seriam divididos entre os cooperativistas da região. Outro exemplo pode se referir à terceirização da exportação, por meio da qual contrata-se uma empresa terceira para cuidar da exportação e dos trâmites da internacionalização.
2. Ambas são semelhantes ao repassarem responsabilidades a uma parte estrangeira, mas a franquia requer adicionalmente supervisão e controle do negócio a distância, em caráter proativo.
3. e
4. c
5. d

Capítulo 4

1. Sim, as que exportam bens e mercadorias (produtos) precisam utilizar o Siscomex, já as de serviços se utilizam do Siscoserv. Além dessa diferença, as empresas de serviços podem utilizar mais as tecnologias para diminuir custos e vender seus serviços, ao passo que as de produtos apenas diminuem a burocracia e facilitam a comunicação.
2. Diminuição de custos, facilidade na comunicação, possibilidade de prestar serviços em diversos locais e para diversos clientes sem sair de casa, criação de aplicativos virtuais geridos a distância etc. Todos eles diminuem custos e facilitam a internacionalização por expansão nessas novas ferramentas.
3. d
4. a
5. c

Capítulo 5

1. O mercado – especialmente os clientes – precisa confiar na empresa para fechar negócios e comprar produtos ou usufruir dos serviços. Quando não existe responsabilidade ambiental, muitos clientes e mercados podem boicotar as relações comerciais. Nesse caso, a empresa em questão perderia em sua internacionalização.
2. As etapas são: identificação do mercado; preparação interna da instituição; busca de clientes/parcerias estrangeiras; negociação dos termos e assinatura dos contratos de intenção de compra/venda, com a definição das formas de pagamento; envio; desembaraço aduaneiro. Apresenta-se a estratégia internamente para a equipe na etapa de preparação da instituição, e externamente, na fase de busca de clientes e negociação com as partes estrangeiras.
3. d
4. a
5. b

Sobre o autor

Leonardo Mèrcher é graduado e especialista em Relações Internacionais, mestre e doutor em Ciência Política pela Universidade Federal do Paraná (UFPR), na linha de instituições internacionais. Iniciou sua experiência profissional como voluntário das Nações Unidas e, posteriormente, como interno do U.S. Commercial Service do governo dos Estados Unidos da América. Desde 2014, é professor de Comércio Exterior, Global Trading e Relações Internacionais no Centro Universitário Internacional Uninter, onde esteve à frente da internacionalização da instituição pelo Núcleo de Prática de Relações Internacionais (Nupri), de 2015 a 2017. Em 2018, recebeu o prêmio de melhor artigo científico de estudos interdisciplinares pela International Studies Association dos Estados Unidos e Canadá, e em 2019 ficou entre os dez escritores brasileiros finalistas do Prêmio Jabuti.

Os papéis utilizados neste livro, certificados por instituições ambientais competentes, são recicláveis, provenientes de fontes renováveis e, portanto, um meio **responsável** e natural de informação e conhecimento.

Impressão: Reproset
Novembro/2021